KB164880

10대를 위한
나의 첫 **철학 읽기** 수업

10대를 위한 나의 첫 철학 읽기 수업

박균호 지음

다른

생활 속에서
매 순간 함께하는 철학

철학에 관한 큰 오해 중 하나는 철학은 학문의 영역이지 실생활과는 관련이 없다는 것입니다. 그래서 철학자처럼 쓸모없는 사람도 없다고 생각할 정도죠. 물론 철학자는 소방관처럼 화재를 진압하지도 않으며, 군인처럼 전쟁터에 나가지도 않으며, 농부처럼 농산물을 생산하지도 않습니다. 그러나 소방관이든 군인이든 농부든 모두 자신의 일에 대한 나름의 철학을 갖고 있습니다. 나는 왜 화재 현장으로 달려가는가? 왜 전쟁터에 나가는가? 이런 질문에 대한 각자의 대답이 곧 철학이죠.

우리가 꿈을 향해 나아가는 것, 친구를 사귀는 것 역시 철학이 뒷받침된 활동입니다. 심지어 우리 생활에 철학이 무슨 필요가 있을까 하고 고민하는 것도 철학의 한 영역입니다. 우리는 좋든 싫든, 의도하든 의도하지 않든 생활 속에서 매 순간 철학과 함께하고 있습니다.

철학과를 나와서 뭐 해 먹고 사느냐는 말도 많이 하지만, 철학은 먹고사는 문제를 외면한 학문이 결코 아닙니다. 어떤 철학책이든 들춰 본다면 철학이 먹고사는 문제에 깊은 관심을 가진 학문이라는 것을 금방 알게 될 것입니다. 동서양의 고대 철학자들도 어떻게 하면 더 건강하고 행복하게 살 수 있을까 고민했지, 생계 문제와 현실 세계를 외면한 사람들이 아니었습니다. 철학은 우리 삶을 더 아름답고 행복하게, 더 효율적으로 살아가는 방법을 모색하는 학문입니다.

기술이 발달하고 사회가 복잡해질수록 우리는 더 어렵고 골치 아픈 문제를 맞닥뜨리게 됩니다. 적성에 맞는 직업과 돈을 많이 버는 직업 사이에서 갈등하고, 사랑과 우정 사이에서 방황하며, 결혼과 출산, 자녀 양육, 부모 봉양 문제 등으로 끊임없이 고민합니다. 이 모든 문제에 대해 고민하고 결정을 내리는 과정도 곧 철학입니다.

자기만의 철학을 갖춘 사람은 삶의 여러 문제 앞에서 좀 더 수월하고 명쾌하게 결정을 내릴 수 있습니다. 철학이 있는 사람은 삶의 가치관과 방향성도 뚜렷하기 때문입니다. 물론 그 결정이 항상 옳다고 할 수는 없지만, 최소한 자신의 가치관과 의지를 반영한 결과이기에 후회할 가능성은 낮습니다. 이런 맥락에서 철학 공부란 삶에서 만나는 다양한 문제에 대한 해결 능력을 키우는 과정이라 할 수 있습니다. 다시 말해 철학을 읽는다는 것은 선택의 기로에 섰을 때 올바른 길로 이끌어 주는 조언자를 곁에 두는 것이나 다름없습니다.

사람들은 종종 부당하고 불공정한 대우를 받고 분노합니다. 주변에서 일어나는 부당한 권력 행사에 항의하고 맞서 싸우기도 합니다. 그리하여 불공정과 불평등이 사라진 더 나은 사회에 한 발짝 더 나아가게 되죠. 우리가 불합리에 맞서 싸울 수 있는 것도 바로 철학이 있기에 가능한 것입니다. 철학을 공부함으로써 우리는 비판적 사고 능력을 키울 수 있고, 비판적 사고를 함으로써 무엇이 옳고 그른지 판단할 수 있습니다. 철학이 인간 세상에 없었다면 우리는 분노를 모르고 복종과 예속을 당연하게 받아들이는 노예의 삶을 살았을 것입니다. 비판적 사고 능력이야말로 인간을 인간답게 만들어 주는 힘입니다.

복잡하고 빠르게 변하는 현대 사회에서 철학의 가치는 더욱 빛을 발합니다. 다양성이 극대화된 오늘날 사람들의 생각과 의견도 천차만별이죠. 철학은 그러한 천차만별 속에서 미묘한 차이점과 공통점을 추려 내고, 다양한 생각을 하나의 통일된 관점으로 통합하는 능력이 있습니다. 이를 통해 사회 구성원들의 갈등과 대립을 조율하게 되죠.

철학은 현대 사회에서 가장 중요한 덕목 중 하나인 소통 능력을 키워 주기도 합니다. 철학이 정립된 사람은 말과 글에 모호함이 없습니다. 그래서 자신의 생각을 쉽고 명확하게 전달할 뿐만 아니라, 다른 사람의 말에서도 그 뜻과 의도를 재빨리 파악합니다. 그런 면에서 철학이야말로 현대 사회에 꼭 필요한 실용적인 학문이라 할 수 있습니다.

이 책을 통해 철학이 일상생활과 얼마나 밀접하게 관련되어 있는지, 고민과 어려움에 처한 우리에게 철학이 어떻게 해결의 지혜를 안겨 주는지 깨달을 수 있기를 바랍니다. 무엇보다 이 책은 '읽는 재미'라는 가치를 염두에 두고 썼다는 사실을 밝힙니다.

2장 정치와 사회

3장 선악과 정의

4장 생존과 환경

1장

생각과 감정

철학은 쓸모없는 학문일까?

《윤리형이상학 정초》

이마누엘 칸트

어떤 책일까?

《윤리형이상학 정초》는 독일의 철학자 이마누엘 칸트Immanuel Kant, 1724~1804의 중요한 저서로 '윤리학의 조상'이라 부르는 책이다. 칸트의 저작은 난해하기로 유명하지만, 그나마 이 책은 90쪽 분량으로 얇아서 부담감이 덜할 것이다. 그러나 이 책의 가치는 결코 두꺼운 책보다 덜하지 않다. 도덕성을 논한 기념비적인 책이며, 윤리학 역사에서 가장 위대한 책이다.

서양 철학에서 이마누엘 칸트의 존재감은 절대적이다. "칸트 이전의 철학은 모두 칸트에게 흡수되었고, 칸트 이후의 철학은 모두 칸트에게서 흘러나왔다."라는 말이 있을 정도다. 하지만 위대한 철학자 칸트는 "철학자만큼 쓸모가 없는 사람은 없다."라고 말했다. 과연 그럴 수도 있겠다는 생각이 든다.

철학자는 소방관처럼 화재를 진압하지도 않고, 경찰처럼 범죄자를 체포하지도 않고, 군인처럼 전쟁터에 나가지도 않으며, 농부처럼 농작물을 재배하지도 않는다. 요즘 대학가에서 철학과의 문을 하나둘 닫고 있는 것도 그런 이유다. 철학과는 대학생들의 지상 과제인 취업의 문이 가장 좁은 학과다. 철학과에 진학하려는 학생이 있으면 거기 나와서 '뭐 해 먹고' 살 거냐고 묻기 십상이다. 우스갯소리로 철학관이라도 개업할 거냐고 묻기도 한다. 그만큼 철학 지식은 실생활의 쓰임이나 생업을 위한 활동으로 이어지기가 힘들다는 것이 많은 사람들의 생각이다.

하지만 이마누엘 칸트가 철학이나 철학자가 완전히 쓸모없다고 주장한 것은 아니다. 그는 잘못된 권력 아래서 차별을 받을 때, 종교나 관습의 간섭으로 고통을 받을 때 우리를 지켜 주는 것이 철학이라고 말했다. 이것만큼 철학의 목적과 기능을 잘 설명한 말도 없다.

인간은 목적 그 자체다

"당신은 당신 자신의 인격뿐만 아니라 모든 다른 사람의 인격을 대할 때 인간을 수단으로만 여기지 말고 언제나 동시에 목적으로 대하라." 칸트의 말이다. 인간을 '수단'이 아닌 '목적'으로 대하라고 한 이 말은 바로 '인간의 존엄성'을 강조한 것이다. 이성을 가진 인간은 목적 그 자체로 존재하지, 어떤 목적을 위한 수단으로 존재하는 것이 아니다. 그러므로 자기 자신뿐만 아니라 다른 사람의 존엄성도 지켜 줘야 한다는 말이다.

그러나 인간 사회에서는 필연적으로 서로 수단이 되는 관계가 생겨날 수밖에 없다. 칸트도 이 사실을 모르는 것은 아니다. 그래서 '수단으로만'과 '언제나 동시에'라는 표현을 사용했다. 즉 상대를 수단으로 여겨야 하는 불가피한 상황은 인정하며, 그렇더라도 동시에 상대를 목적 자체로도 대해야 한다는 것이다. 예를 들어 교사와 학생은 서로 수단이 되는 관계다. 교사는 학생을 가르침으로써 월급을 받아 생계를 유지하며, 학생은 교사를 통해서 배움을 얻는다. 친구 사이에서도 종종 그런 관계가 나타난다. 예를 들면 서로 놀이 상대가 되어 준다거나, 함께 공부하며 서로 도움을 주는 경우다.

　교사와 학생이 서로 수단으로 삼으면서 동시에 목적 자체로도 대하려면 어떻게 해야 할까? '선생님도 인격을 갖춘 존엄성 있는 존재이며, 본능적인 욕구를 이겨 낼 수 있는 자율성을 지닌 존재'라는 생각으로 학생은 교사를 존중해야 한다. 교사도 물론 학생의 인격과 존엄성을 존중해 주어야 한다. 회사 사장과 비서의 관계도 마찬가지다. 사장이 중요한 업무 처리를 위해 비서를 수단으로 삼는다면, 동시에 그 비서를 자신처럼 존엄성 있는 인격체로 대해야 한다. 제자나 비서라고 해서 마치 짐을 운반하는 당나귀처럼 대해서는 안 된다는 것이 칸트의 철학이다.

　칸트는 세상의 모든 것을 이성적 존재와 비이성적 존재로 나누었다. 이성적 존재는 인격을 가지고 있고 목적으로 존재하지만, 비이성적 존재는 이성이 없으므로 오직 수단으로만 존재한다고 규정했다. 비이성적 존재인 물건은 같은 값어치를 지닌 다른 물건으로 대치할 수 있다. 예를 들어 1,000원짜리 연필은 1,000원짜리 연습장과 교환할 수 있다. 만약 비싼 물건과 저렴한 물건이 있다면 둘 사이에는 엄연히 차별이 존재한다.

　그러나 이성적 존재인 사람은 모든 가격을 뛰어넘기 때문에 가

격으로 따질 수 없는 존엄성을 지닌다. 따라서 인간은 그 무엇과도 교환할 수 없으며, 그 존재만으로 존엄성을 지닌다는 게 칸트의 생각이다. 자신의 자녀가 아무리 못났더라도 남의 자식과 교환하고 싶어 하는 부모는 없지 않은가. 다만 칸트는 존엄성을 지닌 인간에 대해 한 가지 조건을 달았다. 도덕적 자율성에 따라 행동하는 인간만이 존엄성을 지닌다는 것이다. 즉 맹목적인 욕망에 따르지 않고 자율적 판단에 따라 도덕적으로 살아갈 수 있는 이성을 지녀야만 존엄성 있는 존재라는 것이다.

철학이 바꾸어 놓은 평등한 세상

사람들은 철학이 고리타분하고 심지어 말장난에 불과하다고 생각하는 경향이 있다. 그러나 이것은 잘못된 생각이다. 철학은 인류의 복지와 존엄한 삶을 위한 밑거름을 마련했다. "인간은 수단이 아닌 목적으로 대해야 한다."라는 칸트의 명제로부터 오늘날 너무나 당연한 권리로 여겨지는 자유와 평등의 개념이 시작된 것이다.

언젠가부터 '갑질'이라는 말을 심심치 않게 듣곤 한다. 고위층의 갑질 사건이 갈수록 많은 사람의 공분을 사고 있다. 사실 갑질은 최근에 생긴 경향이 아니다. 권력을 함부로 휘둘러 약자에게 부당한 행위를 하는 일은 인류의 역사와 함께해 왔다고 해도 과언이 아니다. 몇십 년 전만 하더라도 돈 많은 고객이 점원을 하인처럼 대하는 것은 흔한 일이었다. 회사 사장이 직원에게 사적인 심부름을 시키는 것도 업무의 하나로 받아들이는 분위기였다. 하지만 이전에는 그런 일에 대한 경각심이 부족해서 사회적으로 공론화되지 않았을 뿐이다.

인류가 지금처럼 각자를 평등한 존재로 인식하게 된 것은 긴 인류의 역사를 고려하면 비교적 최근의 일이다. 조선 시대 말기만 하더라도 주인과 하인 사이에 '평등'은 입에 올릴 수도 없는 말이었다. 19세기 러시아에서는 서자를 자식으로 인정하지 않고 종으로 삼았다. 그래서 서자는 친아버지를 '주인어른'이라고 불러야 했다. 만약 이 당시에 서자가 아버지에게 친자와 동등한 대우를 요구했다면 어땠을까? 과연 그걸 받아들일 아버지가 있었을까? 농노를 위해서 재산을 헌납하려고 했던 레프 니콜라예비치 톨스토이조차 자신의 서자를 마부로 삼았다. 아무리 인간적이고 고매한 인격을 가진 고대의 귀족이라도 인간은 평등한 존재라는 말을 들으면 '어떻게 인간을 차별하지 않을 수 있느냐?'고 되물을 것이다. 동물들 사이에 먹이사슬이라는 위계가 있듯이 사람들 간에도 신분에 따른 위계질서가 있다는 것을 너무나 당연하게 받아들였던 것이다.

노예제가 있었던 과거 서양인의 관점에서 본다면 모든 사람이 평등하다는 인식이 지배하는 오늘날을 기괴하게 여길 것이다. 예전에는 고객이 어린 점원에게, 또는 사장이 직원에게 반말을 하는 경우도 많았다. 하지만 지금은 그랬다가는 갑질을 한다느니, 꼰대질을 한다느니 하며 비난받기 일쑤다. 심지어 근무 시간이 넘도록 일을 시켰다가는 악덕 고용주로 고발당할 수 있다.

사람들은 어떻게 각자가 자유롭고 평등한 존재라는 것을 인식하고 그 권리를 당당히 주장하게 되었을까? 대한민국 헌법에 모든 국민은 법 앞에 평등하다고 명시되어 있기 때문일까? 칸트의 철학에 따르면 그렇지 않다.

칸트는 인간이 존엄한 근거를 외부에서 찾지 않았다. '천부인권'이라는 말에서 찾은 것도 아니고, 인간의 존엄성을 인정하는 국가의 법 조항에서 찾은 것도 아니다. 칸트에 따르면 인간은 이미 내면에 자율성이 있으므로 그 자체로 존엄하다고 한다. 인간은 스스로 생각하고 판단하며 목표에 따라 이성적으로 행위할 수 있는 자유로운 존재다. 따라서 모든 인간은 누구에게도 갑질을 당하지 않을 존엄성을 지닌다. 이러한 인식이 바로 칸트와 같은 철학자들의 사상에서 온 것이다. 칸트의 사상이 실로 대단하다는 것을 증명하는 것이 우리나라 헌법 10조다.

모든 국민은 인간으로서의 존엄과 가치를 가지며, 행복을 추구할 권리를 가진다.

국가는 개인이 가지는 불가침의 기본적 인권을 확인하고 이를 보장할 의무를 진다.

헌법에 명시된 대한민국 국민의 존엄성은 칸트에게 상당 부분 빚지고 있다고 할 수 있다. 칸트가 인간을 수단이 아닌 목적으로 대해야 한다고 주장함으로써 인간의 존엄성에 대한 인식을 심어 준 것이다. 만약 철학이 없었다면 오늘날에도 여전히 노예 제도가 남아 사람을 기계와 같은 존재로 대하는 일이 비일비재했을 것이다. 우리가 자신을 존엄하고 평등한 존재라고 인식하지 못하고 차별과 갑질을 당연한 것으로 받아들인 채 살아간다면 이 얼마나 끔찍한 세상이 될까? 철학이 없다면 세상은 바뀌지 않을 것이다.

자본주의 사회의 철학

칸트 한 사람의 철학자만 해도 이미 사회에 많은 이바지를 했다. 칸트 덕분에 이렇게 자유롭고 평등한 세상이 되지 않았는가. 인류 평화를 위해 설립한 국제연합도 사실 개인의 이익보다 인류의 보편적 가치를 중요하게 여기는 칸트의 세계시민주의 철학을 기초로 한다. 철학 덕분에 현대인들은 자신이 존엄성을 지녔으며 누구에게도 차별당하지 않을 권리를 가진 존재라고 인식하게 되었다.

그러나 자본주의가 발달하면서 사람을 목적이 아닌 수단으로 이용하는 경우가 많아졌다. 자본주의의 특성상 그 자체로 목적이 되는 인간은 존재하기 어려운 게 사실이다. 사람보다는 돈을 최고의 가치로 여기는 세상이기 때문이다. 사람은 다만 돈을 벌어다 주는 도구, 즉 인력人力으로 취급하곤 한다. 수익을 극대화하기 위해 안전 장치가 허술한 작업 현장에서 일하게 하는 경우가 대표적인 예다. 지금 이 순간에도 수많은 노동자들이 열악하고 위험한 환경에 내몰려 있다. 유해 물질을 다루는 공장에서 일하다가 몹쓸 병에 걸리기도 하고, 2인 1조로 해야 하는 일을 혼자서 하다가 사고를 당하기도 한다. 고용주의 횡포와 과도한 근로 시간으로 괴로워하면서도 이미 맺은 근로 계약 때문에 묵묵히 견뎌야 하는 노동자도 있다. 이 모두가 인간을 단지 수단으로만 여기는 데서 빚어진 일이다.

자본주의가 발달할수록 칸트가 말한 자율성을 추구하기가 어려워지고 있다. 즉 본인의 도덕적 기준에 따라 판단하고 행동하는 것에 제약을 받는 경우가 많아지고 있다. 그러나 인간 세상에서 인간을 수단으로만 삼아도 될 만큼 가치 있는 일은 없다. 다른 사람의 존엄성을 인정하지 않으면 결국 자신의 존엄성도 스스로 인정하지 않는 결과를 초래하게 된다. 자본주의도 결국 인간의 존엄성을 유지하면서 기술 발달과 자본 축적을 도모해야 한다. 인간을 수단으로만 이용하는 사례가 여전히 남아 있는 한 인간의 존엄성을 지키는 철학의 쓸모도 여전할 것이다.

사고력을 높이는 끝장 토론 💬

1. 칸트는 인간이 이성적 존재로서 도덕성을 추구하기 때문에 존엄성을 지닌다고 말했습니다. 그렇다면 죄를 저지른 죄인에게는 인간의 존엄성이 없다고 생각해도 될까요?

2. 훈련을 받은 일부 동물은 욕구를 자제하는 능력을 갖추고 있습니다. 그렇다면 그런 동물도 인간처럼 자율성이나 이성을 지닌 존재로 보아야 할까요?

바다를 한 번도
보지 못한 칸트

칸트는 과거 독일 영토였다가 지금은 러시아 영토가 된 쾨니히스베르크 지금의 칼리닌그라드에서 태어나 평생을 살았다. 평생 동안 쾨니히스베르크에서 반경 150킬로미터를 벗어난 적이 없다고 한다. 그래서 죽을 때까지 바다를 한 번도 본 적이 없다는 말도 있다. 아마도 태생적으로 체질이 허약한 만큼 여행하기가 쉽지 않았을 것이다.

칸트는 먼 곳으로 여행을 떠나지는 못했지만, 그 대신 산책을 즐겨했다. 규칙적인 생활을 하기로 유명했던 그는 산책 시간도 늘 똑같았다. 당시 쾨니히스베르크 사람들은 산책을 나온 그의 모습을 보고 집에 있는 시계를 바로잡을 정도였다고 한다. 게다가 칸트는 산책을 할 때 누구와도 대화를 나누지 않았다. 산책할 때 입으로 숨을 쉬지 않는 것이 자신의 체질에 맞는다고 생각했기 때문이다.

칸트는 대학에서 전공인 논리학을 비롯한 여러 과목을 가르쳤는데 학생들에게 가장 인기 있는 과목은 세계지리학이었다. 비록 이곳저곳 여행을 해 보지는 못했지만, 그간의 연구 활동을 바탕으로 한 번도 가 보지 않은 지역 곳곳을 누구보다 생생하고 정확하게 서술했다. 한 치의 빈틈 없이 워낙 재미있게 설명했기 때문에 학생들은 눈과 귀를 뗄 수 없을 정도로 그의 강의에 열광했다.

친구의 나쁜 습관, 지적해 줘야 할까?

《정신 현상학》
게오르크 헤겔

《정신 현상학》은 '인간의 정신이 어떻게 발달하는가?'라는 질문에 게오르크 헤겔Georg Hegel, 1770~1831이 답한 책이다. 파티를 망치는 가장 빠른 방법은《정신 현상학》을 꺼내는 것이라는 말이 있을 정도로 난해하다. 하지만 이 책은 깊은 사유와 치밀한 논리로 철학의 주요한 조류를 모두 포함하고 있다. 독일 철학의 완성자는 헤겔이고 그의 가장 중요한 저작은《정신 현상학》이다. 카를 마르크스, 자크 라캉 등의 저명한 철학자들에게도 큰 영향을 주었다.

독일의 철학자 헤겔은 산업 혁명과 프랑스 혁명, 나폴레옹의 흥망성쇠가 있었던 18세기 후반에서 19세기를 살다 갔다. 한마디로 유럽의 굵직한 사건들이 휘몰아쳤던 격동의 시대를 살았다. 헤겔은 성직자를 꿈꾸며 튀빙겐 대학에서 신학을 공부했다. 하지만 당시 출간된 칸트의《순수 이성 비판》과 프랑스 혁명이라는 대사건이 헤겔에게 큰 자극을 주었다. 프랑스 혁명은 비록 이웃 나라에서 발생한 사건이었지만, 헤겔은 자유와 평등을 추구하는 투사가 되었다. 프랑스 혁명은 헤겔의 평생에 사색의 대상이 되었다.

성직자의 길을 단념한 그는 독일 철학의 중심지 예나 대학에서 강의하며 본격적으로 철학자의 길을 걷기 시작했다. 헤겔 철학의 주요 저서 1호라고 할 수 있는《정신 현상학》은 예나 대학 조교수로 임명된 지 2년 만인 1807년 4월에 출간한 것이다. 이 책의 서론에서 헤겔은 자신에게 큰 영향을 준 칸트와 바뤼흐 스피노자, 그리고 절친이자 학문의 선배인 프리드리히 셸링을 통렬하게 비판했다. 이로써 헤겔은 칸트와 스피노자라는 영향력과 셸링이라는 동반자에게 완전히 결별을 선언하고 독자적인 철학의 길을 걷게 됐다.

헤겔이 《정신 현상학》을 탈고한 것은 나폴레옹이 그의 고국 독일을 침략하고 그가 거주하던 예나에 입성하던 날이었다. 나폴레옹의 진군을 본 헤겔은 "말을 탄 절대정신이 나타나셨다."라며 감동했다고 한다. 고국을 침략한 적군의 우두머리를 보고 찬양한 것인데 당시 독일의 상황을 보면 이해가 안 되는 것은 아니다. 당시 수백 개 지역으로 나뉜 독일은 영주가 백성들의 고혈을 짜서 부와 쾌락을 누리고 있었다. 정치적, 경제적으로 후진국이었던 독일을 헤겔은 "이건 나라도 아니다."라며 비판했다. 당시 독일 지식인들에게는 나폴레옹이야말로 새로운 시대를 여는 희망으로 비쳤던 것이다. 헤겔은 국민의 자유가 보장되는 나라를 꿈꾸었다.

칸트에서 한 걸음 더 나아간 헤겔

《정신 현상학》은 인간의 정신이 어떤 과정을 거쳐 높은 수준으로 성장하는지 분석한 책이다. 다르게 말하면 인간 의식이 가장 낮은 차원의 단계에서 출발해 경험을 통해서 점차 진리를 깨달아 가는 과정을 밝혀 놓은 책이다.

헤겔은 칸트의 영향을 많이 받았다. 따라서 헤겔을 알기 위해서는 칸트의 철학을 먼저 살펴볼 필요가 있다. 칸트는 진리를 탐구하고 그것의 참이나 거짓을 따지기 전에 인간은 과연 진리를 제대로 인식할 수 있는 능력을 갖추고 있는지 의심했다. 인간의 이성이 과연 대상을 제대로 받아들일 수 있는 도구인지 의심한 것이다. 이렇게 칸트는 인식되는 대상을 분석하기 전에 인간의 인식 능력 자체를 비판적으로 검토했다. 이러한 칸트 철학을 '반성철학'이라고 부른다.

이후 칸트의 반성철학을 심화, 발전시킨 요한 피히테의 철학이 출현했으며, 반성철학을 좀 더 확대한 셸링 철학도 나왔다. 헤겔의 철학은 결국 칸트의 반성철학과, 반성철학을 발전시킨 피히테의 철학, 셸링의 철학을 절충하고 통합한 것이다. 헤겔은 칸트의 주장처럼 인간의 인식 능력 자체에 문제가 있다는 것은 인정한다. 그러나 인간의 인식은 변증법적 과정을 통해서 바뀌고 성장한다고 그는 주장했다.

인간의 정신이 어떻게 발전하는지 좀 더 쉽게 생각해 보자. 우선 인간은 기본적으로 '즉자존재', 즉 아무런 생각이 없는 자기 자신으로 존재하는 상태다. 자신에 대한 아무런 성찰과 반성이 없으므로 발전이 없다. 자신의 잘못을 알아야 바로잡고 발전해 나갈 것 아닌가. 즉자존재의 다음 단계는 '대자존재'다. 이 단계에서는 자신에 관한 의문을 품고 질문을 던진다. 이로써 자신의 단점을 발견하고 더 나은 인간이 되기 위해 애쓰게 된다. 단점을 보완하고 극복하고 나면 한결 더 발전한 존재, '즉자-대자존재'가 된다. 즉자-대자존재는 분명 한 단계 진보한 상태지만 자신의 또 다른 한계를 인식하지 못하기 때문에 제2의 즉자존재라고 할 수 있다. 그래서 즉자-대자존재는 다시 대자존재로 돌아가 자신의 다른 단점과 한계를 보완하고 개선함으로써 더 나은 존재가 된다. 이런 과정을 반복하면서 인간은 결국 궁극의 진리에 도달한다는 것이 변증법적 발전 원리다.

헤겔은 인간의 인식 능력에 문제가 있더라도 객체 간의 인정투쟁_{자신 또는 타인에게 인정을 받기 위한 투쟁} 과정을 통해 존재의 본질에 도달할 수 있다고 믿었다. 인간의 '의식'이라는 꼬마가 길고 고달픈 여행을 거쳐서 존재의 본질이라는 세상에 도달한다는 것이 헤겔이 완성한 '사변철학'이다.

자신의 단점을 아는 것이 발전의 시작이다

수업 중 한 학생이 예리한 질문을 던졌는데, 경험이 부족했던 교사는 만족스러운 대답을 해 주지 못했다. 그 후 그 반에 들어가면 예리한 질문을 했던 학생만 바라보며 수업을 하게 됐다. 하지만 교사는 그 사실을 자각하지 못했다. 뒤늦게 반의 다른 학생이 알려 주어서 알게 되었다고 한다. 만약 교사가 자신의 수업을 동영상으로 촬영한 다음 나중에 확인해 보는 습관이 있었다면 자신의 그런 모습을 발견하고 즉시 바로잡았을 것이다.

자신의 습관을 인지하지 못하는 경우는 수없이 많다. 테니스 연습을 한다고 가정해 보자. 라켓을 휘두를 때 자신의 몸동작이 어떤지 본인은 알기 어렵다. 자신의 몸이지만 자신만 모르는 것이다. 그래서 동료 없이 혼자서 연습하다 보면 일 년 내내 잘못된 동작으로 연습하게 된다. 그러면 하루에 열 시간을 연습해도 실력이 늘지 않는다. 즉 발전을 하려면 자신의 문제점을 아는 것이 무엇보다 중요하다.

자신의 문제점을 아는 것, 바로 이것이 헤겔이 제시한 변증법적 발전의 시작이다. 그런데 우리는 자신의 단점을 인지하기가 쉽지 않다. 밥을 먹을 때 쩝쩝 소리 내는 버릇, 남의 말을 끊고 대화에 끼어드는 버릇이 있다고 해도 본인은 잘 알지 못한다. 그런 버릇 때문에 다른 사람이 불쾌해한다는 것도 잘 모른다. 헤겔의 변증법적 원리에 따르면, 인간은 자신의 단점을 깨닫고 교정함으로써 절대적인 진리에 다다른다. 즉 '훌륭한 사람'으로 발전해 나간다.

그렇다면 우리는 친구의 나쁜 버릇이나 잘못을 발견하면 그것을 일깨워 줘야 할까? 헤겔이라면, 친구가 발전해 나가기 위해서는 잘못을 바로잡을 수 있도록 일깨워 주는 것이 참다운 우정이라고 답할 것이다. 다른 사람의 단점이나 문제점을 솔직하게 지적하는 것은 자신에게도 도움이 된다. 한 사람의 나쁜 버릇은 곧 다른 사람에게 피해가 되는 경우가 잦기 때문이다. 예를 들어 교실에서 자습 시간에 큰 소리로 떠드는 친구가 있다고 하자. 그런 친구를 그냥 내버려 두고 시끄러운 걸 꾹 참는다면 결국 그 피해는 고스란히 참는 자에게 돌아간다. 친구의 단점을 지적해 주는 것은 운동하는 사람의 자세를 촬영해 보여 줌으로써 잘못된 동작을 바로잡을 수 있게 도와 주는 것과 같다. 나쁜 버릇은 지적하라고 있는 것이다. 진정한 친구 사이라면 진심 어린 마음으로 서로 지적하고 충고를 주고받을 수 있어야 할 것이다.

남의 잘못을 지적할 때 주의할 점

남의 잘못된 습관을 지적해서는 안 된다고 주장하는 사람도 많다. 그들은 사람은 절대로 변하지 않는다고 생각한다. 그러니 잘못을 지적해 봐야 서로 감정만 상할 뿐, 상대의 잘못된 행동은 고쳐지지 않는다는 것이다. 잘못을 지적하기 전에 상대가 충고를 받아들일 만한 사람인지 먼저 고려해야 한다는 의견도 있다. 조언과 충고를 받아들이고 즉시 행동을 바로잡는 사람도 있지만, 남의 지적을 트집 잡기 위한 행동으로 오해하고 불쾌해하는 사람도 있다. 그런 사람에게는 진심 어린 조언을 해 봐야 서로 사이만 나빠질 수 있다.

잘못을 지적하되 직접적으로 하지 말고 우회적인 말로 은근히 해야 한다고 생각하는 사람도 있다. 정말 치명적인 단점이라 그것만 보완하면 더한층 발전할 사람이라도 그 단점을 대놓고 지적하면 불쾌한 것이 인지상정이다. 예를 들어 영어 교사가 수업하는데 한 학생이 발음이 조금 틀렸다고 하자. 이럴 때 교사가 발음이 잘못됐다고 직접적으로 지적하기보다는 교사 자신이 정확한 발음을 해 보인다면, 그 학생은 수치심을 느끼지 않고 자신의 발음을 교정할 수 있을 것이다.

잘못을 지적하기 전에 칭찬거리를 먼저 생각하는 게 중요하다는 사람도 있다. 학교 생활기록부에서도 학생의 단점을 지적하되 아울러 장점도 함께 언급하도록 권장한다. 그래야 학생들이 자존감을 잃지 않고 긍정적인 마음으로 단점을 고쳐 나갈 수 있기 때문이다. 지적하는 것도 중요하지만 칭찬도 그만큼 중요하다는 이야기다.

사고력을 높이는 끝장 토론 💬

1. 물심양면으로 도와준 스승을 학문적으로 비난한다면 부도덕한 행위일까요?

2. '다르다'와 '틀리다'는 엄연히 뜻이 다른 단어입니다. 이 두 단어를 잘못 사용하는 친구가 있다면 여러분은 지적해 줄 건가요? 지적한다면 어떤 방법으로 하는 게 좋을까요?

헤겔에게
화풀이한 쇼펜하우어

독일의 괴팍한 철학자 아르투어 쇼펜하우어가 끔찍할 정도로 싫어하는 세 가지가 있었는데 그것은 여성, 소음, 그리고 헤겔이었다. 소음은 누구나 싫어하는 것이고, 여성 혐오는 쇼펜하우어 자신의 어머니 혐오에서 비롯된 것이다. 그런데 쇼펜하우어가 헤겔을 싫어한 이유는 무엇일까?

사정은 이랬다. 공부를 반대하던 아버지가 돌아가신 후 어렵게 공부를 마친 쇼펜하우어가 베를린 대학 교수직에 지원했다. 그때 헤겔이 까다로운 질문을 던지는 바람에 쇼펜하우어는 그만 자존심이 상하고 말았다. 베를린 대학 강사가 되고 나서도 쇼펜하우어는 헤겔에 대한 원망과 미움의 마음을 버리지 못했다. 그래서 헤겔이 강의하는 시간대에 맞춰 자신의 강의를 개설함으로써 그와 수강생 경쟁을 벌였다. 풋내기 교수인 쇼펜하우어가 대학을 대표하는 스타를 이길 수는 없었다. 헤겔의 강의실은 늘 만원이었다. 쇼펜하우어의 강의실에는 단 한 명의 학생이 들어왔는데 그마저도 강의실을 잘못 찾아든 것이었다는 루머에 가까운 일화도 전해진다. 어쨌든 열 명이 채 되지 않은 수강생을 보고 쇼펜하우어는 낙심하여 1학기 만에 학교를 떠나고 말았다.

그 후 쇼펜하우어는 애완견 푸들을 '헤겔'이라고 이름 짓고는 걷어차고 집어 던지며 화풀이를 하곤 했다. 그러나 불교에 심취한 이후 애완견 헤겔을 '세계의 영혼'이라는 뜻의 '아트마'로 개명했다.

화, 참아야
할까?

《화에 대하여》
루키우스 세네카

《화에 대하여》는 루키우스 세네카Lucius Seneca, 기원전 4~서기 65가 평소 화를 잘 내는 동생에게 보내는 편지 형식으로 이루어져 있다. 동생 노바투스가 세네카에게 질문을 하면 세네카가 답변하고, 그 답변에 동생이 반론을 제기하면 세네카가 재차 의견을 말하는 구성이다. 약 2,000년 전에 쓴 책이지만, 그때나 지금이나 인간의 본성은 다르지 않기에 오늘날까지도 이 책의 가치는 변함이 없다.

로마의 철학자 세네카는《화에 대하여》에서 이렇게 한탄했다.

"술에 취하고 욕정으로 가득 차고 고마운 줄 모르고 욕심 많은 야망의 노예로 살아가는 수많은 사람을 나는 매일 만나야 한다."

세네카가 약 2,000년 전에 지목한 사람들은 오늘을 사는 우리가 매일 만나는 사람이기도 하다. 지하철을 타면 가끔 술 취한 사람들이 악취를 풍기고 주정을 한다. 일터에는 배려심 없는 언행으로 눈살을 찌푸리게 하는 사람이 있다. 친절과 배려를 베풀어도 고마움을 모르고, 오히려 제 욕심을 채우느라 남의 권리를 침해하는 사람도 부지기수다. 학교에 가면 팀 활동에 전혀 기여하지 않은 채 얌체처럼 무임승차하는 친구가 있다. 앞에서는 친한 척하면서 뒤에서는 흉을 보는 친구도 있다. 우리가 사는 21세기는 세네카가 살았던 시대에 비교하면 안락하고 풍요롭지만, 복잡한 사회 속에서 날마다 치열한 경쟁을 하며 살아야 한다. 스트레스와 화가 더 많을 수밖에 없다.

세네카는 유복한 집안에서 태어나 당대의 저명한 철학자에게서 최고의 교육을 받았고, 어렵지 않게 로마의 최고 권력 기관인 원로원

의원이 되었다. 세네카에 비하면 요즘 청소년들은 얼마나 가혹한 환경에 처해 있는가. 입시를 위해 매일 치열한 경쟁을 치르고, 대학에 가면 취업 경쟁으로 또다시 맹렬하게 달려야 한다. 용케 취업에 성공했더라도 성과를 내야 한다는 압박감에 시달리느라 하루하루가 고달프다. 요즘 같은 무한경쟁의 시대야말로 세네카의 《화에 대하여》가 절실하게 필요한 때다.

　세네카는 어려움 없이 정계에 진출했지만 음모에 연루되어 8년간이나 귀양살이를 했다. 게다가 역사상 가장 잔혹한 폭군 황제로 알려진 네로의 가정교사를 맡았는데, 그때부터 세네카의 삶은 그야말로 독이 든 성배를 쥔 격이었다. 조금이라도 비위를 거슬렀다간 독살당할지도 모른다는 두려움 속에서 궁궐 생활을 했다. 날마다 삶과 죽음의 줄타기를 해야 하는 운명이었다. 화가 나고 짜증이 나는 상황이 오죽 많았겠는가. 누구보다 절박하고 긴박한 상황에서 순간마다 치밀어오르는 화를 세네카는 어떻게 다스렸을까?《화에 대하여》를 펼쳐 보면 그 비결을 알 수 있을 것이다. 화를 다스리는 기술이야말로 현대인의 가장 중요한 생존 기술이기도 하다. 더구나 불투명한 미래에 대한 고민으로 힘겨워하는 MZ 세대에게 《화에 대하여》는 꼭 필요한 생활 속 조언을 들려준다.

청소년들의 화

갓난아기들은 배가 고프거나 잠자리가 불편하거나 몸이 아플 때 불쾌감을 표현한다. 지극히 생리적이고 본능적인 분노다. 성장을 할수록 분노의 원인은 점차 사회적이고 인격적이며 심리적인 것으로 옮겨 간다. 점차 신체에 물리적인 가해를 받았을 때, 또는 험담 같은 심리적 위해를 받았을 때 분노하는 경우가 많다. 자아의식이 발달할수록 분노를 느끼고 표현하는 양상도 바뀌게 된다. 10대 후반쯤 되면 자신의 의견이 무시되었을 때 강한 분노를 느낀다. 부당한 대우를 받거나 불공평한 대우를 받았을 때도 참을 수 없는 분노를 느낀다.

화가 난다고 당장 폭력을 행사하는 경우는 많지 않다. 나이가 들어 어느 정도 자제력이 길러지고 나면 가급적 폭력을 자제하려는 경향을 보인다. 자제하는 대신 분노를 느꼈던 장소를 일부러 피한다거나, 물리적 폭력 대신 공격적인 언어로 분노를 표출하는 경우가 많다. 물론 물건을 집어던지거나 발로 걷어찬다거나 울음을 터뜨리는 방식으로 표출하기도 한다. 또 화가 날 때마다 그 마음을 가슴속에 짓눌러 놓았다가 나중에 더 이상 참을 수 없는 상태에 이르렀을 때 한꺼번에 터뜨리기도 한다. 화는 과연 참는 게 좋을까, 터뜨리는 게 좋을까?

화는 참아야 한다

세네카의 《화에 대하여》는 약 2,000년 전에 나온 책이지만 오늘날에 이르러 더욱 많은 독자를 거느리게 됐다. 세네카 자신의 생생한 경험을 바탕으로 쓴 만큼 현대인들에게 깊은 공감과 위안을 주기 때문이다. 세네카는 한가롭게 노년을 즐기며 《화에 대하여》를 쓴 것이 아니다. 네로 황제의 잔인한 통치가 로마를 위협하는 상황에서 자신이 직접 겪은 비애와 깨달음을 이 책에 녹여 냈다. 따지고 보면 세네카에게는 화를 참는 것 외에는 선택의 여지가 없었던 것으로 보인다. 황제의 의심을 사거나 밉보였다간 다음 날 바로 시체로 발견되는 시대를 살았기 때문이다.

세네카는 화를 '순간적인 광기'라고 간주했다. 그에 따르면 화를 내는 것은 높은 건물이 순식간에 무너져 내리는 것과도 같다. 화를 내는 순간 그때껏 간직했던 인품이나 친구들과의 유대 관계도 한순간에 날려 버리고 이성을 잃게 된다. 조언 따위는 귀에 들어오지 않고, 옳고 그름에 대한 판단 능력도 잃게 된다. 인간은 원래 타인을 돕기 위해서 태어났는데, 화는 서로를 망가뜨리기 위해서 존재를 드러낸다. 인간은 원래 화목을 원하지만, 화는 분열을 원한다. 인간은 자신을 희생해 타인에게 이로움을 주곤 하지만, 화는 자신을 위험에 빠뜨려 가면서까지 타인에게 복수하고 싶어 한다. 세네카가 화를 극도로 경계한 것은 화가 상대에게 해로움을 줄 뿐만 아니라 자기 자신도 결국 파멸에 이르게 하기 때문이다.

세네카는 인간이 화를 내는 주된 이유는 '나는 잘못한 게 없어.'라는 생각 때문이라고 분석했다. 화를 내는 이유가 자신을 성찰하지 않는 오만함 때문이라는 것이다. 화를 내서 상대를 제압한다고 해도 결국 화를 낸 사람은 지는 것이다. 세네카는 화가 났을 때 거울을 보는 것만으로도 큰 도움이 된다고 조언한다. 거울 속 화난 모습과 평소의 모습을 비교해 본다면 화를 내는 자신의 모습이 얼마나 끔찍한지 깨닫게 될 것이다.

만일 상사나 교사 입장에서 부하 직원이나 학생이 결코 눈감아 줄 수 없는 악행을 보인다면 매우 화가 날 것이다. 이런 경우에는 상대에게 화를 표현하는 것이 당연하지 않을까? 세네카는 그럴 때도 화보다는 부드러운 조언이 더 효과적이라고 반박한다. 그런데 부드럽게 타일렀는데도 계속해서 악행을 저지른다면? 세네카는 그 단계에서도 화를 참고 경고와 훈계에 그쳐야 한다고 단언한다. 경고와 훈계로도 변화가 없으면 형벌을 내리되, 그것도 가벼운 형벌로 시작해서 점차 중벌로 옮겨 가라고 말한다. 마치 의사가 진료를 할 때 식이 요법이나 운동 요법을 권장하는 것에서 시작하여 차츰 치료 단계를 높이는 것과도 같다.

그런데 만약 전쟁터에 나가는 병사들에게서 화를 느끼는 마음을 빼앗는다면 어떻게 될까? 전쟁에서 이길 수 있을까? 세네카가 살던 당시 많은 사람은 병사들이 화살이 빗발치는 적진을 향해서 돌진하는 힘이 화에 있다고 생각했다. 화가 없다면 전쟁도 이길 수 없다는 것이다. 세네카는 이 의견에도 반론을 제기했다. 병사들이 화에 따라 움직인다면 퇴각 명령은 따르겠느냐는 것이다. 세네카는 전쟁터야말로 화가 없어져야 할 가장 시급한 곳이라고 단언했다. 화를 표출하는 병사보다는 명령을 따르고 질서를 지키는 병사가 오히려 전쟁에서 이기는 데 유리하다고 했다. 화를 잘 내는 병사는 아무리 용맹하게 나아가 봐야 결국 적군의 제물이 될 뿐이라는 것이다.

화를 참으면 병이 된다

치미는 화를 못 참고 폭언이나 폭력으로 표출하는 사람에게는 세네카의 조언이 매우 유용하다. 그러나 화를 잘 내는 사람을 부러워하는 사람도 있다. 화가 나지만 그 표출 방법을 잘 몰라서 답답해하는 이들이 그렇다. 부당한 일을 당했거나 손해를 입었다면 화를 내며 자신의 억울함을 호소하는 게 마땅하다. 그런데 화를 낼 줄 몰라 억울함을 고스란히 떠안은 채 혼자서 답답해하는 사람이 의외로 많다.

이런 부류의 사람을 겉모습으로만 평가하면 '현존하는 세네카'

처럼 보일지 모른다. 분명히 억울한 입장인데도 아무런 반격도 없이 심지어 미소까지 짓고 있으니 말이다. 이들에게 세네카의 조언이 도움이 될 수는 없다. 이런 사람들이 세네카의 충고를 따랐다가는 오히려 병이 깊어져서 회복할 수 없는 지경에 이를지도 모른다. 하지만 치미는 화를 어쩌지 못한 채 그저 쌓아 두기만 하는 것도 바람직하지 않다. 이런 사람이라면 차라리 한 번쯤 고함을 지른다거나 혼자서 가벼운 욕설이라도 하는 것이 건강에 도움이 될 수 있다.

현명하게 화내는 요령

스트레스가 극심한 현대인들에게는 세네카식 '화 참기'보다 '화내는 요령'이 더 필요할 수 있다. 누군가에게 공격을 받았을 때 단호하게 응징하는 것이 자신에게 유리하다고 생각한다면 당연히 화를 표출해야 할 것이다. 하지만 타인과의 접촉이나 충돌을 꺼리는 성향 때문에 그러지 못하는 경우가 있다. 특히 상대와의 관계가 단절될까 봐 화내는 것을 두려워하고 경계하는 사람들이 많다. 이런 사람들은 특히 현명하게 화내는 요령을 알고 실천하는 습관이 필요할 것이다.

물론 분노를 감당하지 못해 폭발하듯 돌발 행동을 하는 습관이 있다면 주변인들이 그를 멀리하고 단절하려 할 것이다. 하지만 분노를 효과적이고 적절하게 표현한다면 오히려 화가 인간관계를 더욱 돈독히 하는 수단이 될 수 있다. 분노를 '폭발'시키는 것과 '표현'하는 것은 엄연히 차원이 다른 행동이다.

그렇다면 분노를 '표현'하는 것은 어떻게 하는 것일까? 어떤 상황이나 사람 때문에 화가 났다면 간접적인 방법으로 화를 드러내는 것은 좋지 않다. 제삼자에게 가서 화가 난 상황을 이야기하는 것도 별 도움이 되지 않는다. 그럴 때는 화를 돋운 상대 앞에서 자신이 화가 났다는 표현을 정확히 해야 한다. 그리고 화를 낼 때는 평소와 똑같은 목소리를 유지하는 게 중요하다. 평소와 달리 큰 소리로 화를 내면 이성적이지 않은 상태라고 오해받을 수 있다. 자칫하다간 단순히 화풀이를 한다거나 부당하게 화를 내고 있다고 오해받을 수 있다.

사람들이 화를 낼 때 보통은 그 이유가 한 가지 때문이 아닌 경우가 많다. 여러 가지 못마땅한 상황이 이어져서 화가 쌓이고 더는 참지 못해서 화를 내는 것이다. 그렇다고 해서 현재의 사안뿐만 아니라 과거의 여러 가지 일까지 새삼스럽게 꺼내서 화를 내는 것은 적절치 않다. 성급하게 입에 올린 과거의 일이 오히려 상대에게 꼬투리를 잡힐 수 있고, 그동안 상대에 대한 악감정을 몰래 품고 있었다는 것을 자인하는 꼴이 된다. 화를 표현할 때는 당면한 한 가지 사안에 집중하는 것이 좋다.

사고력을 높이는 끝장 토론 💬

1. 여러분은 부드러운 사람의 말을 잘 따르는 편인가요, 화를 잘 내는 사람의 말을 잘 따르는 편인가요? 그 이유는 무엇이고, 그러한 자신의 태도에 대해 어떻게 생각하나요?

2. 여러분은 화를 '폭발'시키고 싶지만 꾹 참고 차분하게 '표현'한 경우가 있나요? 그때 여러분은 어떤 방법으로 화를 표현했나요?

스승 세네카에게 자결을 명령한 네로 황제

세네카는 정계에 발을 들인 지 얼마 되지 않아 음모에 연루되어 무려 8년간의 유배 생활을 했다. 유배 생활을 하던 그를 구출해 준 사람은 훗날 '폭군 황제'로 악명을 떨친 네로의 어머니 율리아 아그리피나였다. 아그리피나는 세네카에게 당시 열두 살이었던 아들 네로의 가정교사 역할을 맡겼다. 그때부터 세네카와 네로의 애증 관계가 시작됐다. 5년 뒤에 네로는 황제가 되었다. 세네카는 그 후로도 10년간이나 더 네로를 보필했다. 집권 초기에는 선정을 베풀던 네로 황제는 갈수록 폭군이 되었다. 심지어 자신의 어머니마저 살해했다.

네로 황제의 광기가 통제 불능의 상태라고 판단한 세네카는 사임 의사를 두 번이나 표출했다. 하지만 네로는 끝까지 지켜 주겠노라며 받아들이지 않았다. 폭군 황제는 결국 약속을 지키지 않았다. 황제를 암살하려는 모의가 진행 중이라는 소식이

들려오자 네로는 그 모의에 세네카가 연루되었다고 의심했다. 그리하여 세네카를 불러들이고 그의 아내와 자식이 지켜보는 가운데 자결할 것을 명했다. 명령대로 세네카는 정맥을 끊고 독약을 마셨다.

2장

정치와 사회

악법도
지켜야 할까?

《소크라테스의 변론》 플라톤

어떤 책일까?

《소크라테스의 변론》은 소크라테스의 제자 플라톤Platon, 기원전 428?~기원전 347? 의 저서다. 소크라테스가 신성모독을 하고 청년들의 사상을 오염시켰다는 혐 의로 재판을 받게 됐을 때 소크라테스 자신이 그에 대해 변론하는 내용을 플 라톤이 정리해 놓은 책이다. 국내의 여러 판본에서 제목을 '소크라테스의 변 명'이라고 번역해 놓았는데, '변명'이라는 말은 사실 적절치 않다. 소크라테스 는 변명을 한 것이 아니다. 그는 항변을 통해서 자신을 변호했을 뿐이다.

고대 그리스의 철학자 소크라테스를 이해하기 위해서는 소피스트를 알아야 하고, 소피스트를 이해하기 위해서는 그들이 활동하던 시대적 배경을 알아야 한다. 기원전 492년 시작해서 10년 넘게 이어진 페르시아 전쟁은 민주주의를 지지한 그리스의 승리로 끝났다. 이 전쟁의 주역이었던 아테네는 번성하기 시작했고, 특히 상류층은 사치와 향락에 빠졌다.

당시 그리스에서는 중국의 춘추 전국 시대와 마찬가지로 말을 잘해야 출세할 수 있었다. 민주주의 사회에서는 다른 사람을 설득할 수 있는 연설 능력이 중요한 정치적 기술이자 생존 기술이었다. 더욱이 당시에는 변호사가 따로 없었기 때문에 법정에 서면 본인 스스로 변호해야 했다.

이러한 시대적 요구에 부응한 이들이 바로 '소피스트'라고 부르던 사상가들이었다. 그들은 한곳에 머물러 있지 않고 이곳저곳 다니면서 주로 부유층 자녀들에게 토론과 연설을 포함한 다양한 삶의 기술을 가르치고 과외 교사처럼 고액의 수업료를 받았다. 한 소피스트의 말에 따르면 그 당시에는 연설과 설득의 힘으로 의사나 체육 교사를 노예로 쓸 수 있었고, 은행가는 고객을 설득해 손쉽게 돈을 벌 수 있었다. 이 시대에 활동한 대표적인 소피스트로는 "인간은 만물의 척도다."라는 말로 유명한 프로타고라스가 있다.

질문과 대화로 청년들을 가르친 소크라테스

소크라테스는 기원전 470년경 아테네에서 석공인 아버지와 산파인 어머니 사이에서 태어났다. 소크라테스는 젊은 시절 한때 아버지를 따라서 석공 일을 하며 생계를 이었고, 40대 중반에는 펠로폰네소스 전쟁에 나가 혁혁한 공을 세우기도 했다. 그는 일 년 내내 같은 옷차림으로 아테네 시내를 쏘다니며 대화를 통해 철학을 가르쳤다. 플라톤을 비롯한 그의 제자들은 하나같이 부유한 집안 출신이었지만 소크라테스는 수업료를 받지 않았다. 제자들은 모두 부자였고, 스승인 소크라테스만 가난했다.

소크라테스는 제자들에게 우선 질문을 던졌다. 예를 들면 "법이란 무엇인가?", "진리는 어떻게 얻는가?"와 같은 질문이었다. 누군가 답변을 하면 그에 대한 예리한 반박과 질문으로 상대를 궁지로 몰아

넣었고, 결국은 상대가 무지를 고백하게 만들었다.

한편 당시 그리스는 민주주의 옹호파와 귀족 정치 옹호파가 대립 중이었다. 소크라테스는 정치에 대한 발언을 한 적이 없는데도 귀족 정치를 지지하는 인사로 분류되어 버렸다. 그가 민주주의파 지식인과 고위 관료를 비판했기 때문이다. 양측의 대립은 마침내 민주주의 측의 승리로 끝났고, 소크라테스는 보복성 고발을 당했다. 그는 신성모독을 하고 청년들의 사상을 오염시켰다는 죄목으로 재판에 넘겨졌다.

소피스트라는 누명을 쓰다

재판에 넘겨진 소크라테스는 목숨을 부지하는 것보다 소피스트라는 누명을 벗는 것이 무엇보다 중요했다. 당시 그를 고발한 이들은 소크라테스가 궤변으로 사람들의 마음을 어지럽히고 타락하게 한다고 주장했다. 사실 그런 궤변가들이야말로 소크라테스가 칠십 평생 싸워 온 상대였다. 그는 교묘한 말솜씨로 다른 사람을 속이고 조종하는 것을 혐오해 한평생 소피스트와 싸웠다. 그들의 말이 철학적 성찰이 없는 공허한 언변술이라고 생각했기 때문이다. 그런데 엉뚱하게도 자신이 그런 소피스트라고 지목됐으니 얼마나 화가 나겠는가. 그에게 중요한 것은 '말솜씨'가 아니라 '진실'이었다.

그리스에서 모시는 신을 신봉하지 않는다는 고발도 억울했다. 소크라테스는 '다이모니온^{daimonion}'이라고 부른 신비스러운 내면의 소리를 믿었다. 어린 시절부터 진리를 탐구하며 내면의 목소리에 귀 기울인 그는 차츰 그 목소리를 신봉하게 되었다. 무언가를 하려고 할 때면 가끔 다이모니온이 나타나 그 일을 하지 말라고 했고, 소크라테스는 그 소리를 충실히 따랐다. 그러니까 소크라테스는 남들이 또는 법에서 뭐라고 하든 간에 자신의 양심에 따라 행동하는 것이 가장 우선이었다. 그러다 보니 자연스럽게 진선미를 실천하는 삶을 살게 되었다. 그런 소크라테스를 궤변으로 남을 현혹했다고 고발했으니, 그로서는 이에 대한 항변이 목숨을 지키는 것보다 더 중요했다.

사형 선고를 받다

소크라테스는 '신성모독죄'로 사형 선고를 받았다. 사형이 내려질 거라는 걸 알았지만 소크라테스는 재판 과정에도, 판결이 내려진 뒤에도 결코 타협하려 들지 않았고 선처를 요청하지도 않았다. 자신에게 적용된 법 규정에 대해 악법이라고 항의하지도 않았다. 다만 당당하게 소신을 밝히며 자신이 그 법을 위반한 사실이 없다고 항변했으며, 사형 선고를 받는 순간까지도 자신의 신념을 굽히지 않았다.

사형 판결을 받고 집행을 기다리는 소크라테스에게 친구들은 사면을 요청하라고 권했으나 소크라테스는 끝내 거절했다. 탈옥을 시도할 수도 있었으나 그조차도 거부했다. 탈옥해서 목숨을 건지더라도 타국에서 '지혜를 사랑하는 일'을 하지 못할 바에야 차라리 죽음을 선택하는 게 나았다.

악법의 희생자가 되다

말로 사람을 현혹했다거나 신성을 모독했는지 여부는 주관적인 기준에 따라 판단할 수밖에 없다. 이런 일에 대해서는 구체적인 증거를 제시하기 어렵고, 법 조항도 모호하기 때문이다. 자칫하다간 법 조항을 교묘히 악용해 억울한 희생자를 만들어 낼 수도 있다. 악법을 판단하는 중요한 기준 중 하나는 바로 악용되기 쉬운 모호한 법 조항에 있다. 과거 우리나라의 군사정권하에서도 국가보안법이 악법으로 악명을 떨친 사례가 있었다. 바로 인민혁명당 사건으로, 모호한 내용의 국가보안법 때문에 선량한 사람들이 졸지에 간첩으로 몰렸고 사형을 당한 사람도 많았다.

소크라테스 역시 그러한 악법의 희생자였다. 하지만 자신에게 사형을 선고하도록 만든 그 법을 비판하지 않았다. 아테네에서 가장 지혜롭다고 소문난 소크라테스가 그 법이 불합리하다는 것을 몰랐을 리 없다. 그런데도 법 자체에 대해서는 이의를 제기하지 않았다. 자신이 그 법을 어기지 않았다는 것에 대해서만 변론했을 뿐이다. 이 사실로 비추어 소크라테스는 설사 자신의 목숨을 빼앗은 법에 문제가 있더라도 법은 일단 지켜야 한다고 생각했던 것 같다.

법이 잘못되었어도 지켜야 한다고 주장하는 사람들은 주로 실정법을 우선시하는 사람들이다. 그들은 법은 지키라고 존재하는 것이지, 의심하고 무시할 수 있는 것이 아니라고 말한다. 일단 정해진 법은 폐지되지 않는 한 지켜야 하고, 이를 위반한 자는 처벌을 해야 법치주의 국가가 유지된다고 한다. 그리고 법 조항을 개인의 생각에 따라 지킬지 말지 결정한다면 그 나라는 무법천지가 될 것이며, 개인의 재산과 생명권조차 보장할 수 없게 된다는 것이 실정법주의자들의 생각이다.

소크라테스의 진짜 유언

'악법도 법이다.'라는 명제에 찬성하는 사람들은 소크라테스가 독약을 마시기 직전 악법도 법이라고 말했다는 일화를 내세운다. 반대로, 찬성하지 않는 사람들은 소크라테스가 그런 말을 한 적이 없다는 사실을 상기시킨다. 정답을 말하자면 후자가 맞다. 그 일화는 사실이 아니다.

소크라테스가 독약을 마시고 죽어 가는 과정은 플라톤의 《파이돈》에 상세하게 기록되어 있다. 소크라테스는 해가 지기 전에 독약을 마시라는 지시를 받았다. 친구가 서둘러 마실 필요 없다고 조언했지만 소크라테스는 받아들이지 않았다. 오히려 서둘러 독약을 가져다 달라고 부탁했다. 그러자 친구들은 사약을 받고도 식사를 잔뜩 하거나 욕정을 채우는 사람도 있다는 사실을 상기시킨다. 소크라테스는 그런 짓은 하지 않겠다고 말하며 독약을 청했다. 독약을 가져온 사람에게 복용법을 물었고, 그가 시키는 대로 단숨에 들이마셨다. 그리고 조금 걸어 다니던 소크라테스는 다리가 무거워지자 자리에 누웠다. 죽기 직전 소크라테스가 마지막으로 남긴 말은 '악법도 법이다.'가 아니라 "아스클레피오스에게 빚진 닭 한 마리를 갚으라."였다.

악법도 법일까?

그렇다면 '악법도 법이다.'는 어디에서 나온 말일까? 많은 학자는 일제 강점기에 경성제국대학 법학부 교수였던 오다카 도모오를 지목한다. 오다카 교수는 저서 《법철학 개론》을 통해 소크라테스가 독배를 마신 것은 악법도 법이니 지켜야 한다고 생각했기 때문이라고 해석했다. 그는 법의 형식만 갖추면 내용이 어떻든 그 법을 지켜야할 의무가 있다고 주장했다.

오다카 교수가 그런 주장을 한 이유는 쉽게 유추할 수 있다. 그가이 주장을 펼친 1930년대 후반은 일제의 야욕이 정점에 치다른 시기였다. 그는 조선인들이 천황의 명령이라면 지옥의 불구덩이 속으로도 기꺼이 뛰어드는 말 잘 듣는 기계를 만드는 데 이론적 배경을 만들고 싶었을 것이다. 그의 해석은 일제의 필요에 따라 조선인들을 동원하기 위한 수단으로 이용되었고, 그의 한국인 제자들에게 고스란히계승되었다. 해방 후 그의 제자들은 우리나라 법학계의 주류 인사로부상했다. 그리고 그들에 의해서 '악법도 법'이라는 설정은 흔들림 없이 생명력을 이어갔다.

과거 우리나라 권위주의 정권들은 나라 전체를 하나의 거대한병영으로 여겼다. 국민들이 병영을 탈출하지 않도록 수단 방법을 동원해야 했다. 그 하나의 방법으로, 소크라테스가 악법도 법이라고 외치고 죽었다는 가짜 뉴스를 진짜 뉴스로 만들고 선전했다. 악법도 법이라는 명제만큼 자신들의 독재 통치를 정당화하고 국민들을 효율적으로 통치하도록 도와주는 말도 없었기 때문이다.

악법도 법이라는 주장을 부정한다고 해서 법치주의 자체를 부정하는 것은 아니다. 지금의 시대 상황에는 악법이지만, 제정 당시에는 분명히 필요해서 만든 법도 적지 않다. 예를 들어 세종대왕이 제정한 '수령 고발 금지법'은 오늘날의 기준으로 보면 분명히 악법이다. 이 법에 따르면 마을을 다스리는 수령이 백성에게 어떤 악행을 저지르더라도 고발하지 못한다. 한 사람의 수령에게 무한한 권력을 주는 것이나 다름없다. 사실 그 법을 만든 이유는 따로 있었다. 당시에는 새로 부임한 수령이 지역 유지들의 욕심을 채워 주지 않으면 유지들이 수령에게 억울한 누명을 씌워서 쫓아내는 악습이 있었다. 세종대왕은 바로 이러한 악습에 대응하기 위해 수령 고발 금지법을 제정한 것이다. 그러니 중요한 것은 시대가 바뀌고 환경이 변했다면 법도 그 변화에 맞춰 수정하거나 폐지해야 한다는 것이다.

사고력을 높이는 끝장 토론 💬

1. 여러분이 공무원이라면 상사가 부당한 지시를 내렸을 때 어떻게 할 건가요?

2. 사람의 양심은 자신의 그릇된 행동을 들킬 가능성이 클 때 작동한다는 주장이 있습니다. 과연 그럴까요?

모든 것을 갖춘
완벽남, 플라톤

추남으로 유명한 소크라테스와는 달리 그의 제자 플라톤은 모든 것을 갖춘 완벽한 남자였다. 플라톤은 매우 부유한 집에서 태어났으며, 미남에 열정이 넘치는 청년이었다. 한때 유능한 병사이기도 했고, 국가 규모로 열리던 이스토미아 경기회에서 두 번이나 우승했다. 참가 종목은 알 수 없으나 씨름이나 레슬링과 비슷한 종목이라고 알려져 있다.

그는 어려서부터 시를 썼을 정도로 총명했으며, 소크라테스를 우연히 만나 제자가 된 뒤로는 정치가의 꿈을 접고 철학자의 길을 걸었다. 당시 아테네 귀족들은 지덕체를 모두 갖춘 인재를 이상형으로 꼽았다. 탄탄한 몸매도 귀족이 갖춰야 할 중요한 덕목이었고, 평민들 앞에서 폭식도 하면 안 되었다. 이런 관점에서 뛰어난 운동신경과 예술적 재능, 지식, 외모까지 갖춘 플라톤은 모두가 꿈꾸던 귀족의 전형이었다.

‘플라톤’은 본명이 아니고 별명이다. 그의 본명은 아리스토클레스다. 그럼 왜 플라톤으로 불렀을까? ‘플라톤’은 원래 어깨가 매우 넓은 사람을 일컫는 말이었다. 실제로 플라톤은 어깨가 넓고 몸이 탄탄한 미남이었다. 외모가 얼마나 출중했는지 아폴론 신에 비유되기도 할 정도였다.

　스승인 소크라테스가 평생 가난하게 살다가 70세에 사형을 당한 반면, 플라톤은 노년까지도 복을 누렸다. 그가 마흔 살에 세운 아카데메이아는 많은 인재를 배출했으며 아리스토텔레스도 그중 한 명이었다. 여든 살이 된 플라톤은 제자의 결혼식 피로연에 참석해 즐거운 시간을 보낸 다음 조용히 잠든 채 숨을 거두었다. 모든 아테네 시민들은 묘지까지 그와 동행했다.

독서는 유익하기만 할까?

《쇼펜하우어의 행복론과 인생론》

아르투어 쇼펜하우어

어떤 책일까?

아르투어 쇼펜하우어Arthur Schopenhauer, 1788~1860는 《의지와 표상으로서의 세계》를 완성한 다음 세상을 발칵 뒤집을 거라고 생각했으나 아쉽게도 별다른 주목을 받지 못했다. '대실패'를 한 쇼펜하우어는 노인이 될 때까지 방황했다. 하지만 예순 살쯤 쓴 《소품과 부록》이 베스트셀러에 오르자 독일 프랑크푸르트의 자랑이 되었다. 《쇼펜하우어의 행복론과 인생론》은 바로 이 책을 번역한 것이다.

쇼펜하우어는 염세주의 철학자로 유명하다. 그가 독서에 대해 쓴 글에서도 염세적인 성향이 반영된 흔적이 보인다. 그는 《쇼펜하우어의 행복론과 인생론》 중 〈행복론〉 편에서 '독서와 책에 대하여'라는 별도의 장을 할애해 독서에 대한 이야기를 했다.

쇼펜하우어는 독서를 "스스로 깨달아야 할 것을 다른 사람이 대신 깨우쳐 주는 것"으로 단언했다. 독서에 대한 지독한 악평이다. 그러니까 독서란 다른 사람의 마음속에서 일어나는 생각의 과정을 무턱대고 뒤따르는 것에 불과하다는 것이다. 미술 시간에 선생님이 미리 그려 놓은 점선을 따라 펜으로 덧칠하는 것이나 다름없는 것이다. 스스로 생각을 깊이 하다가 책을 읽으면 머릿속이 개운해지는 이유가 여기에 있다고 쇼펜하우어는 단언한다. 결국 독서를 하는 동안의 머릿속은 다른 사람의 생각이 노니는 놀이터라는 것이다. 동서고금을 통틀어서 독서에 대해 이보다 더 가혹하고 비관적인 생각이 또 있을까?

그렇다고 쇼펜하우어가 독서 자체를 무의미하다고 생각하는 것은 아니다. 그가 경계한 것은 읽은 내용을 자신의 생각으로 소화하지 못한 채 읽고 또 읽는 다독이라고 볼 수 있다. '책을 너무 많이 읽은 바보'가 속출하는 이유는 시간 때우기용으로 책을 읽는 태도 때문이다. 쇼펜하우어는 책을 읽고 깊이 생각하고 실천하는 태도를 강조했다. 책을 읽으면서 끊임없이 '자신의' 생각을 접목하는 습관을 게을리하지 말라는 의도일 것이다. 마치 공자가 학습에 있어서 배우는 것보다 익히는 것에 중점을 둔 것과도 같다. 쇼펜하우어는 자신의 생각을 멈추어 버린 다독을 비판했다. 그런 독서는 다른 사람의 생각이 자신의 마음속에서 놀다 간 것에 지나지 않는다고 보았다.

쇼펜하우어에 따르면, 많은 책을 읽는 것보다는 한 권의 책이라도 완전한 자기 생각으로 소화하는 것이 진정한 독서라고 할 수 있다. 무턱대고 많이 먹는다고 해서 그 모든 것이 양분이 되어 흡수되는 것은 아닌 것처럼 말이다. 휴대폰을 잘 쓰지 않던 과거에는 꽤 많은 수의 전화번호를 암기했다. 하지만 휴대폰에 번호를 저장해 두고 단축번호만 눌러서 전화하다 보면 자주 통화하는 사람의 전화번호조차 잊어버리게 된다. 또 늘상 내비게이션에 의지해서 운전하다 보면 스스로 길을 기억하고 찾아가는 능력이 퇴화된다. 무엇을 하든 자신의 생각을 멈추지 않는 것이 그만큼 중요하다는 것이다.

독서도 마찬가지다. 종이 위에 인쇄된 글은 모래 위에 남은 발자국일 뿐이다. 발자국 주인이 어느 방향으로 갔는지는 알 수 있지만,

그 길을 걸으면서 어떤 풍경을 보았는지는 알 수 없다. 그것을 알기 위해서는 앞서 걸어간 사람의 눈이 아닌 자신의 눈으로 봐야 한다는 것이 쇼펜하우어의 생각이다.

베스트셀러라는 잡초

페르시아 제국의 군주 크세르크세스는 자신이 지휘하는 대군이 100년이 지나면 아무도 살아남지 못한다는 사실을 생각하고 눈물을 흘렸다고 한다. 쇼펜하우어도 비슷한 생각을 했다. 단 10년만 지나면 현재 존재하는 수많은 책을 아무도 읽지 않게 된다고 생각하면 눈물이 날 수밖에 없다고 말했다. 그는 10년만 지나도 찾는 독자가 없는 책은 악서이며, 시류에 따라서 유행하는 책은 잡초일 뿐이라고 생각했다. 그가 보기에 악서는 무의미할 뿐만 아니라 심지어 해로웠다. 좋은 책을 읽어야 할 시간과 비용을 빼앗기 때문이다. 쇼펜하우어는 당대에 유행하는 책의 90퍼센트는 돈과 명예만을 좇아 쓴 책, 즉 잡초라고 말했다. 그가 생각하기에 모순적이게도 이런 악서일수록 출판업자와 비평가라는 든든한 지원군을 거느렸다.

사람들은 최신 유행하는 책들에 관한 대화에 끼어들려면 베스트셀러는 꼭 읽어야 한다고 생각한다. 반면에 수십 년, 심지어 2,000년 동안 살아남은 훌륭한 책들은 제목만 알고 있을 뿐이다. 쇼펜하우어는 이 지점을 통탄했다. 일간 신문에 대해서는 좋은 고전을 읽고 교양을 쌓아야 할 시간에 통속 소설을 읽도록 유도한다고 비난했다. 또 그는 사람들이 좋은 고전을 제쳐 두고 최신 작품만 읽으니 점점 더 최신 작품의 오물 속에 빠져들어 간다고 한탄했다. 그러므로 출판되어 반짝했다가 사라지는 가벼운 소설, 시 들을 '읽지 않는 기술'이 시급하다고 경고했다.

인생은 짧고 책을 읽을 시간은 한정되어 있다. 악서를 읽지 않아야 좋은 책을 읽을 수 있는 조건이 갖춰지는 셈이다. 쇼펜하우어는 나쁜 책이야말로 우리들의 정신을 파괴하는 독약이라고 평가절하했다. 반면에 좋은 책이 빠른 속도로 독자들에게 스며들지는 않는다. 그러나 읽고 나면 영원히 존재한다. 지금 우리가 제목만 알고 있는 고전들이 그런 책들이다. 쇼펜하우어에 따르면 많은 독자는 책을 구매하는 것과 그 내용을 자기 것으로 소화하는 것을 구분하지 못한다. 즉 책을 사는 것만으로 그 책을 읽었다는 착각을 한다는 것이다. 그래서 쇼펜하우어는 책을 살 때 그것을 읽을 수 있는 시간을 함께 살 수 없다면 많은 책을 사지 말라고 충고한다. 어차피 읽을 시간도 부족한데 많은 책을 사들이는 것은 돈 낭비라는 것이다.

많은 독서가는 책을 읽는 속도보다 책을 사는 속도가 훨씬 빠르다. 당장 읽지도 않을 책을 많이 산다는 이야기다. 그 원인은 크게 2가지다. 우선 물욕 때문이다. 책을 사서 손에 넣는 기쁨이 크다. 또 워낙 많은 책이 순식간에 절판되니 당장 읽지는 않더라도 우선 사 두어야 나중에 읽고 싶을 때 읽을 수 있다고 생각한다. 그러나 쇼펜하우어의 말대로, 출간된 지 몇 해 지나지 않아 절판된다면 과연 그 책이 얼마나 읽을 만한 가치가 있겠느냐는 의문을 품을 수 있다. 천 년 이상 절판되지 않고 읽을 수 있는 고전을 두고 굳이 그런 책을 미리 사 둬야 할까? 어쩌면 책은 마구 사들이는 것보다는 여러 번 반복해서 읽는 것이 좋다. 거듭해서 읽을수록 그 맥락을 더 잘 파악하게 되며, 새로운 감동과 깨달음을 얻게 되기 때문이다.

사는 것이 고통뿐이라던 염세주의 철학자 쇼펜하우어는 고전에 대해서만큼은 무한 긍정주의자였다. 그는 고전이 그 어떤 청량제보다 정신을 맑게 해 주며, 고전을 읽고 나면 감정이 정화되고 힘이 샘솟는 기분을 맛본다고 말했다. 마치 바위 틈에서 흘러나오는 깨끗한 물을 마시는 상쾌함을 고전에서 느낄 수 있다고 했다.

세상에 나쁜 책은 없다

베스트셀러를 잡초로 취급한 쇼펜하우어의 독설은 그의 다른 말로 반박이 가능하다. 쇼펜하우어는 모든 책은 저자의 정신이 집결된 탐구의 결과이기 때문에 평범한 사람이 쓴 책도 유익하고 흥미로울 수 있다고 말했다. 그렇다면 그가 잡초라고 부른 책들 중에도 분명 읽을 만한 가치가 있는 책들이 있지 않을까? 따지고 보면 우리가 고전이라고 부르는 책들 중에도 출간 당시 베스트셀러였던 책이 많다. 물론 쇼펜하우어의 《의지와 표상으로서의 세계》는 오늘날에는 고전 중의 고전이 되었지만 출간 당시에는 겨우 백 권 남짓 팔렸다. 그렇지만 톨스토이를 비롯한 많은 고전 작가들은 살아생전에 베스트셀러 작가였다.

또한 표도르 도스토옙스키의 《카라마조프 씨네 형제들》과 같은 작품도 지금은 우리가 극찬해 마지않지만, 당대에는 친부 살인을 소재로 한 통속 소설이라고 치부한 독자들이 있었다. 쇼펜하우어 자신도 《쇼펜하우어의 행복론과 인생론》을 출간 당시에는 《의지와 표상으로서의 세계》의 부록쯤 되는 가벼운 책으로 생각하지 않았던가. 《쇼펜하우어의 행복론과 인생론》의 성공이 있었기에 작가 자신이 세계사에 길이 남을 저작이라고 자부한 《의지와 표상으로서의 세계》가 중요한 고전으로 기억될 수 있었다.

고전이 좋다는 것은 모두가 인정하지만 베스트셀러도 나름의 가치가 있다. 베스트셀러야말로 고전이라는 높은 단계로 올라가기 위한 디딤돌이라 할 수 있다. 고전을 즐기는 독자들이 처음부터 고전만 읽은 것은 아니지 않은가. 그들도 처음에는 서점의 제일 좋은 자리를 차지한 '남들이 다 읽는' 베스트셀러의 고객이었다. 열렬한 베스트셀러 독자가 고전의 열렬한 독자가 된다. 고전과 베스트셀러는 별개의 책이 아니라 상호 보완해 주는 공생 관계가 될 수 있다.

위대한 작품이라고 해서 고고한 정원에서 태어나는 것만은 아니다. 도스토옙스키는 독자들의 취향에 부합하기 위해, 그리고 팔리는 책을 쓰기 위해 신문을 읽고 또 읽었다. 기사 속에서 발견한 지극히 통속적인 사건을 소재로 오늘날 우리가 고전이라고 찬양하는 위대한 소설을 썼다.

사고력을 높이는 끝장 토론 💬

1. 사람들은 왜 고전을 읽는 것을 부담스러워할까요?

2. 요즘 눈에 띄는 베스트셀러 중에 백 년 후에도 독자들의 사랑을 받을 만한 책은 무엇이 있을까요?

어머니에 대한
미움

쇼펜하우어는 어머니를 매우 미워한 것으로 유명하다. 진지하고 우울한 분위기의 아버지와 달리 어머니는 사교적이고 자유분방한 성격이었으며 당대 유명한 소설가였다. 아버지가 비참하게 생을 마감한 지 얼마 되지 않아 어머니는 자유로운 사교와 연애를 즐겼다고 한다. 이런 모습을 지켜보며 쇼펜하우어는 어머니에 대한 증오를 키웠다. 마치 윌리엄 셰익스피어의《햄릿》에서 어머니를 증오한 햄릿과 비슷하다. 햄릿 역시 부왕이 독살당한 지 얼마 지나지 않아 작은아버지와 결혼한 어머니를 혐오했다.

쇼펜하우어의 어머니는 살롱을 운영하기도 했다. 그곳에 자주 드나들던 시인 괴테가 어느 날 쇼펜하우어를 두고 역사에 남을 위대한 인물이 되겠다고 말했다. 그러자 어머니는 한 집안에 두 명의 천재는 나오지 않는다며 비웃었다. 소설가인 자신이 천재이고, 아들 쇼펜하우어는 말썽꾸러기일 뿐이라고 깎아 내린 것이다. 그러자 쇼펜하우어는 어머니의 작품은 금방 잊히겠지만 자신의 작품은 길이 남을 것이라고 반박했다. 그러고는 어머니와 의절하고 다시 만나지 않았다고 한다.

가장 고유한 것이 가장 세계적일까?

《차라투스트라는 이렇게 말했다》
프리드리히 니체

독일의 시인이자 철학자인 프리드리히 니체Friedrich Nietzsche, 1844~1900는 철학 역사에서 현대성과 현대정신을 개척한 철학자라는 평가를 받는다. 《차라투스 트라는 이렇게 말했다》는 니체의 사상이 집약된 책이다. 철학책 특유의 논리 적인 전개도 없고 뚜렷한 줄거리도 없어서 읽기가 부담스러운 편이지만, 책의 독특한 구조가 여전히 많은 독자를 끌어들이고 있다. "신은 죽었다."라는 유명 한 문장의 원전이기도 하다.

차라투스트라는 여러 나라와 민족을 보았다. 그는 그 여러 민족에게서 선과 악이 무엇인지 찾을 수가 없었다. 차라투스트라는 대지에서 선과 악보다 더 강력한 권력을 찾지 못했다. 우선 가치를 평가하지 않으면 그 어떤 민족도 살아남을 수 없다. 그리고 생존하려면 이웃 민족이 가치를 평가하는 것과 똑같은 방식으로 평가해서는 안 된다. 한 민족에게 선한 것으로 여겨지는 것들이 다른 민족에게는 놀림거리와 모욕으로 여겨지는 경우를 많이 보았다. 여기에서는 악한 것으로 생각하는 것들이 저쪽에서는 존엄하고 명예로운 것으로 추앙받는 경우도 목격했다.

_《차라투스트라는 이렇게 말했다》 중에서

차라투스트라에 따르면 한 민족이 생존하기 위해서는 이웃 민족과 똑같이 가치를 평가해서는 안 된다고 한다. 각 민족은 고유한 가치관이 있기 마련인데 그걸 버리고 남의 가치관을 따르는 것은 그 민족에 복속하는 것과 같기 때문이다. 니체는 민족마다 타고난 문화와 체질이 다른 만큼 각 민족이 소중하게 여기는 가치도 다르다고 했다. 따라서 어떤 민족에게는 가치가 높게 평가되는 것도 다른 민족에게는 경시의 대상이 될 수 있다. 어떤 민족에게는 하찮게 여겨지는 가치도 다른 민족의 문화에서는 권위 있고 명예로운 자리를 차지하기도 한다. 그런 의미에서 한 민족이 독립성을 굳건히 하기 위해서는 고유하고 독립적인 가치를 지니는 게 무엇보다 중요하다.

문화에는 우열이 없다

니체는 모든 민족이나 개인에게 적용되는 보편적인 가치는 없다고 생각했다. 아울러 그는 문화제국주의를 비판했다. 각 민족은 고유한 문화와 가치가 있으며, 그 가치는 그 민족에게는 당연히 '선善'이다. 그러므로 모든 민족은 다른 민족의 고유한 가치를 조롱하거나 평가절하해서는 안 된다.

예를 들어 허먼 멜빌의 《모비 딕》에 나오는 주인공 이슈메일은 식인종이자 야만인인 퀴퀘그가 들려준 이야기에 우스워하며 타박을 한다. 그 이야기인즉, 퀴퀘그가 외바퀴 손수레를 처음 보고는 끌고 다니는 물건인 줄 모르고 어깨에 짊어진 채로 걸었다는 것이었다. 이슈메일의 비웃음에 퀴퀘그는 자신의 부족 마을에서 초대한 상선 선장이야기를 들려주며 반박한다. 그 선장은 부족들이 신성하게 여기는 음료로 손을 씻는 무례를 범했다는 것이다. 아프리카 원주민 출신이 손수레를 짊어지고 옮겼다는 사실이 백인들에게는 우스운 이야기지만, 아프리카 원주민의 관점에서는 백인 선장의 행동 역시 비웃을 만한 일이었다.

허먼 멜빌은 소설 속 화자를 통해서 "술 취한 기독교인과 함께 자느니 차라리 멀쩡한 야만인과 자겠다."고 말함으로써 문화제국주의를 비판했다. 야만인이라는 용어조차도 사실은 문화제국주의의 관점에서 나온 말이다. 우리나라가 오천 년 찬란한 문화를 자랑하지만, 중국은 우리를 동이東夷, 즉 '동쪽에 사는 오랑캐'라고 불렀다는 것을 상기해 보자. 모든 문화는 우열이 없으며 우리 스스로 우리 문화를 서구 문화와 비교하여 열등한 것으로 간주해서는 안 된다.

거대한 피라미드와 만리장성, 그리고 수백 년 동안 웅장한 자태를 잃지 않는 유럽 석조 건물을 우리의 목조 건물과 비교하는 사람이 많다. 유럽의 석조 건물과 비교해서 나무와 흙을 주재료로 삼은 한국의 건축은 너무 초라하다는 것이다. 물론 규모나 유지 능력을 보면 그렇게 생각할 수도 있다. 그러나 서양의 석조 건축 문화와 나무와 흙 중심의 한국 건축 문화는 각기 처한 환경에 따른 차이일 뿐이다.

우리나라에 비교적 흔한 화강암은 매우 단단해서 석재 가공 기술이 발달하지 못한 과거에는 건축 재료로 삼기가 어려웠다. 그래서 쉽게 구할 수 있는 나무와 흙을 주재료로 삼았다. 또 사계절이 뚜렷한 우리나라 자연환경을 고려하면 나무나 흙이 매우 유리한 건축 재료이기도 하다. 반면 유럽에는 대리석이 흔하다. 대리석은 화강암보다 강도가 약해서 가공하기가 편리하다. 유럽에 석조 건물이 많은 이유다. 또 우리나라는 오랜 과거에도 왕이라고 해서 무소불위의 권력을 휘두르지는 못했다. 언제나 신하의 말과 백성의 민의를 살펴서 나라를 다스려야 했다. 이집트의 파라오나 진시황제처럼 백성을 마치 일개미처럼 마구잡이로 부리는 권력 체제가 아니었던 것이다. 그러므로 각각의 문화는 환경에 따라 서로 다른 것일 뿐 우열을 가를 수 있는 것이 아니다.

가장 고유한 것이 가장 보편적인 것이다

니체와 멜빌은 모두 19세기에 활동한 지식인이다. 19세기는 제국주의의 야망이 기승을 부렸고 문화제국주의가 극에 달했던 시기다.《모비 딕》의 실제 모델이 된 난파선 에식스호의 비극을 생각해 보자. 거대한 고래의 공격을 받아 난파한 에식스호와 선원들은 상륙하기에 유리한 남태평양 섬 대신 더 긴 항해를 선택했다. 남태평양 섬은 주민들이 야만적이며 식인 풍습까지 있다는 편견 때문이었다. 그들이 상륙을 포기한 '소시에테 제도'는 원래 유럽인들이 처음 상륙했을 때 매우 우호적인 환영을 받았기에 붙여진 이름인데 말이다.^{'소시에테'는 프랑스어로 '공동체', '친교' 등의 뜻이다.} 긴 항해를 택한 그들은 결국 부족한 식량 때문에 서로를 잡아먹는 식인종이 되었다. 제비뽑기를 통해서 동료를 잡아먹으며 표류한 끝에 원래 21명이었던 선원은 8명만이 살아남았다.

모든 민족은 각자의 환경에서 가장 나은 삶의 방법을 선택하는 것일 뿐 문화 간의 우열은 없다. 인종 차별과 문화제국주의는 제국주의 나라의 착취를 정당화하기 위해 생겨난 개념이다. 아메리카 대륙을 정복한 유럽은 아메리카 원주민을 자신들과 동등한 인간으로 대우하지 않았고, 대량 학살을 하면서도 죄의식이라곤 없었다. 그들은 흑인과 동양인은 원래 지능이 낮고 미개한 종족이니 노예로 삼고 학대해도 되며, 그러한 행동에 대해 죄책감을 느낄 필요도 없다고 생각했다. 또 당시 유행한 골상학에 따라 백인은 아메리카 원주민이나 흑인과 두상의 모양이 다르다고 주장했다. 19세기 내내 그 생각에는 변함이 없었다. 백인은 다른 인종보다 월등하며 두뇌가 더 발달한 종이라는 것이 머리 모양에서 이미 증명되었다는 것이다.

모든 민족의 고유한 문화는 그 존재 자체로 가치가 있다. 문화를 유지, 계승하지 않는 민족은 민족 자체의 독립성 또한 존재하지 않는다. 유명한 예술가든 아니든 예술가들에게서 위엄이 느껴지는 것은 그들 각자만의 독창성이 있기 때문이다. 아무리 좋은 기술이 있는 나라라도 독창적인 문화가 없으면 독립성을 보장할 수 없다.

각 민족은 각자의 특기와 특성이 있으므로 어느 한 분야가 뒤처진다고 해서 열등감을 느낄 필요가 없다. 모든 민족은 남보다 뒤처지는 분야가 있는 반면 앞서가는 분야도 있기 마련이다. 그러니 한 민족을 두고 우열을 따질 수는 없다. 진정한 세계화는 모든 민족, 국가가 각각의 장점을 발휘할 때 이루어진다.

니체가 말한 민족의 고유한 가치에 대한 중요성을 이문열의 소설《젊은 날의 초상》에서도 찾아볼 수 있다. 소설 속 주인공은 민족연구 동아리에 들어오라는 제의를 받는다. 민족연구 회원들은 민족의 고유한 가치를 지키기 위해 전라도 어딘가에서 탈춤을 배우기도 한다. 이들의 제의를 달갑지 않아 하던 주인공에게 그들은 가장 고유한 것이 가장 보편적인 것이며, 가장 한국적인 것이 가장 세계적인 것이라고 일갈한다. 가장 한국적인 것이야말로 어설픈 세계주의나 서구 문화에 오염된 지성인들에게 꼭 필요한 것이라는 말도 덧붙인다.

민족연구 회원들의 주장은 니체의 주장과 정확히 일치한다. 산업사회로 바뀌고 전 세계가 점점 가까워진다고 해서 우리의 고유한 문화 대신 발달한 서구의 문화를 따라간다면, 우리 민족은 서구에 복속하는 것이나 다름없다. 우리 문화를 버린다면 과연 우리 민족을 독립적인 존재라고 주장할 수 있을까?

문화제국주의를 경계하기 위해

《젊은 날의 초상》의 주인공은 '가장 고유한 것이 가장 세계적'이라는 민족연구 회원들의 말에 그 반대의 명제도 가능하지 않느냐고 받아친다. '가장 보편적인 것이 가장 고유하다.'도 맞는 말이 아니냐는 것이다. 즉 가장 세계적인 것이 가장 한국적인 것이 될 수도 있다는 말이다. 주인공은 토속적이고 한국적인 것만 지향하다 보면 세계화의 큰 물결에 도태되고 우리의 성취를 스스로 닫아 버릴 수 있다는 우려를 품는다. 예를 들어 아메리카 원주민들의 춤이라든가 아프리카 원주민들의 노래가 민족 고유의 가치라고 해서 세계적이고 보편적인 문화라고 주장할 수 있느냐는 것이다.

최근 한국의 호미가 미국 최대 온라인 쇼핑몰 아마존에서 인기리에 판매되며 큰 성공을 거둔 일도 있지만, 사실 탈춤이라든가 판소리를 세계적인 문화로 승화시킬 수 있을지는 의문이다. 우리의 것을 세계화하려고 시도하기 전에 어떤 문화를 세계화할 것인지부터 정하는 것이 중요하다는 의견도 있다. 우리 문화라고 해서 무작정 세계적인 것이라고 밀고 나갈 수는 없다. 어떤 것이 우리 민족 정수의 가치인지를 먼저 고려하는 게 중요하다. 우리 문화라고 해서 반드시 자랑스럽고 찬란한 것만 있는 것은 아니지 않은가. 또한 민족 문화에 대한 자부심이 지나치면 오히려 문화제국주의로 불거질 수 있다는 것도 기억해야 한다. 문화제국주의는 니체가 비판한 국가주의나 민족주의로 향하는 지름길이다.

사고력을 높이는 끝장 토론

1. 우리 민족의 고유한 문화인 탈춤은 어떻게 하면 세계화할 수 있을까요?

2. 우리 눈에는 낯설거나 잘 이해가 되지 않지만 다른 나라에서는 매우 소중하고 가치 있는 문화에는 어떤 것이 있는지 이야기해 보세요.

낙타, 사자,
어린아이처럼

니체의 책을 몇 쪽 읽지도 못하고 집어 던지는 사람이 있는가
하면 살아갈 힘을 얻는 사람도 있다. 니체의 어떤 철학이 삶의
의욕을 북돋우는 것일까? "낙타, 사자, 어린아이의 순서를 따
라야 한다."는 니체의 유명한 말에는 다음과 같은 철학이 숨어
있다.

사람은 낙타처럼 인생의 시련을 견딜 줄 알아야 한다. 무거
운 짐을 지고 사막을 걷는 낙타처럼 지긋이 인내하며 뚜벅뚜벅
자신의 길을 나아가자. 또 사자와 같은 용맹성으로 자유를 얻
어 내자. 자신을 억압하고 간섭하는 것들과 맞서 싸우며 자유
를 쟁취하자. 다음으로 어린아이처럼 자기만의 즐거운 세상을
만들자. 과거와 미래에 연연하지 말고 지금 이 순간을 즐겁게
보내자. 현재에 충실한 삶을 살아간다면 누구의 간섭도 받지
않는 자기만의 세상을 만들 수 있을 것이다.

님비, 정당한 권리 주장일까?

《카라마조프 씨네 형제들》

표도르 도스토옙스키

어떤 책일까?

《카라마조프 씨네 형제들》은 러시아의 소설가 표도르 도스토옙스키Fyodor Dostoevskii, 1821~1881가 남긴 마지막 작품으로, 카라마조프 가문의 부친 살해 사건을 중심으로 한 이야기다. 원래 2부작으로 쓰려 했으나 1부작을 마친 두 달 뒤에 도스토옙스키가 세상을 떠나는 바람에 미완성으로 남았다. 하지만 미완성이라고는 도저히 생각될 수 없을 만큼 1부작만으로도 완벽한 작품이다.

《카라마조프 씨네 형제들》에는 인간의 속성과 선악에 관한 도스토옙스키의 생각을 담은 우화가 나온다. 오래전 심성이 괴팍하고 인색한 노파가 살았다. 노파는 평생 동안 착한 일을 한 번도 하지 않았다. 노파가 죽자 악마들은 노파를 지옥의 불구덩이에 던져 버렸다. 그러자 수호천사가 나타나 노파를 지옥에서 구해 내기 위한 방법을 곰곰이 생각했다. 이 할머니가 생전에 착한 일을 한 게 뭐가 있을까? 마침 생각나는 일이 있어 하느님께 고했다.

"이 할머니가 밭에서 양파 한 뿌리를 캐서 지나가는 거지에게 던져 준 적이 있습니다."

"그렇다면 그 양파 한 뿌리를 지옥으로 가져가서 할머니가 그걸 붙잡고 불구덩이에서 나올 수 있도록 하라. 할머니가 양파 뿌리를 붙잡고 지옥에서 나올 수 있다면 천국으로 가리라."

하느님의 말씀에 수호천사는 기쁜 마음으로 노파를 찾아갔다. 지옥의 불구덩이에 있는 노파에게 양파 뿌리를 내밀며 붙잡고 나오라고 했다. 노파는 양파 뿌리를 붙잡고 힘겹게 불구덩이를 기어올랐다. 천사도 온 힘을 다해 양파를 붙잡고 끌어당겼다. 노파가 거의 다 빠져나올 무렵 함께 불구덩이에 있던 다른 이들이 자기들도 탈출하겠다며 노파에게 매달렸다.

"이놈들아, 이건 내 양파 뿌리야! 너희들 것이 아니라고!"

노파는 악다구니를 치며 자신에게 매달린 사람들을 발로 차기 시작했다. 그 순간 양파 줄기가 뚝 끊어지고 다 같이 불구덩이로 떨어졌다. 이 장면을 본 수호천사는 눈물을 흘리면서 떠났다.

배척과 단절은 모두의 불행으로 이어진다

이 우화는 사회 현상에 대한 도스토옙스키의 철학을 보여 주는 결정판이라 할 수 있다. 2021년 넷플릭스에서 전 세계 시청 가구 수 1위를 기록한 〈오징어 게임〉에도 비슷한 장면이 나온다. 상금에 눈이 먼 게임 참가자들이 어둠을 틈타 서로를 해치자 참가자 중 가장 나이 많은 노인이 소리친다. "이러다간 우리 다 죽어!" 노인의 절규는 19세기 소설 《카라마조프 씨네 형제들》에 나오는 노파 이야기와 결을 같이한다. 제 욕심을 채우기 위해 남들을 걷어차면 모두가 함께 망한다는 진리를 보여 준다. 결국 '양파 한 뿌리' 이야기의 노파는 〈오징어 게임〉 속 노인의 경고대로 다른 죄인들과 함께 다시 불구덩이로 떨어졌다.

이 우화를 통해서 도스토옙스키는 사랑과 연민만이 인간을 구원해 줄 수 있다고 주장한다. 수호천사가 노파의 평생을 살펴서 양파 한 뿌리의 선행을 찾아낸 것도 인간에 대한 깊은 연민의 마음이었다. 그것도 선행이라고, 평생 못된 짓만 한 노파에게 하느님이 탈출의 기회를 준 것도 마찬가지다. 노파와 다른 죄수들이 욕심을 부리다가 다시 불구덩이에 떨어졌을 때조차 수호천사는 화를 내기는커녕 눈물을 흘린다. 이 장면 또한 세상은 사랑과 연대의 마음으로 아름다워질 수 있다는 도스토옙스키의 철학을 보여 준다. 수호천사가 눈물을 흘리면서 떠났다는 것은 언젠가 다시 돌아온다는 것을 암시한다.

'양파 한 뿌리' 우화는 도스토옙스키가 염려하는 인간의 탐욕 또한 잘 보여 준다. 만약 노파가 다른 죄수들과 함께 불구덩이에서 빠져나가려고 했다면 다 함께 천국으로 갔을 것이다. 하지만 노파는 다른 죄수들이 자신에게 매달리는 순간 탐욕을 부리며 단절을 선언했다. 다른 죄수를 발로 걷어찬다는 것은 자신만 살아남겠다는 이기심과 배척의 마음이다. 배척과 단절은 곧 모두의 불행으로 이어진다고 도스토옙스키는 경고했다. 그러나 우리가 살아가는 사회의 종착역에는 결국 절망이 아니라 희망이 기다리고 있다고 할 수 있다. 인간의 탐욕을 지켜본 수호천사가 눈물을 흘리며 떠나는 장면이 그것을 말해 준다. 눈물을 흘렸다는 것은 인간에 대한 연민을 놓지 않았다는 뜻이다.

지역 테니스장의 이기주의

어느 동네에 시청에서 마련한 무료 테니스장이 있었다. 그런데 언젠가부터 한 테니스 동아리가 그곳을 독점적으로 이용하기 시작했다. 그 동아리는 시청과 합의하여 테니스장을 관리하는 책임을 맡았다고 한다. 그때부터 그 동아리가 테니스장을 마음대로 운영하기 시작했다. 급기야 그곳은 그 동아리 회원들만 이용할 수 있는 테니스장이 되었다. 어쩌다가 회원이 아닌 시민이 이용하려고 하면 회원들은 온갖 트집을 잡으며 막아섰다. 배척당한 시민들의 원성이 차츰 높아지기 시작했다. 동아리 회원과 비회원 간의 마찰이 깊어졌으며, 결국 그 테니스장은 주차장으로 바뀌고 말았다.

도스토옙스키가 이 지역 시장이었다면 남에게 배타적인 그 동아리가 테니스장을 운영하는 특혜를 베풀지 않았을 것이다. 만약 도스토옙스키가 그 동아리 회장이었다면 회원이든 비회원이든 모든 시민이 아무런 눈치 보지 않고 즐겁게 테니스를 즐길 수 있도록 관리했을 것이다. 도스토옙스키는 배척과 단절을 혐오했고, 배려와 연민을 추구했다.

그러나 시청과 테니스 동아리도 할 말은 있다. 불특정 다수가 자유롭게 테니스장을 이용하면 너무 무질서해져서 관리하기가 힘들고, 결국 폐쇄의 길로 갈 수밖에 없다는 것이 그들의 생각이다. 여건상 테니스장에 상주할 인력이나 예산도 부족하니, 주민들이 결성한 동아리가 테니스장을 관리하며 질서 유지를 해 준다면 여러모로 이익이라는 것이다.

우리 집 뒷마당에는 절대로 안 돼!

'우리 집 뒷마당에는 절대로 들여놓지 못한다.'라는 님비 현상도 도스토옙스키가 말하는 단절에 속할까? 님비란 화장장, 핵폐기물 처리장, 봉안당, 쓰레기 매립장 등 이른바 혐오 시설이 자신의 동네에 지어지는 것을 반대하는 행동이다. 그런데 이런 시설들은 모두 사회에 꼭 필요한 것이다. 필요성은 인정하지만 자신의 동네에 들어오면 집값이 떨어지고 불쾌하다는 이유로 반대하는 사람들이 많다. 이러한 현상 또한 자신의 이익만 추구하고 남을 배척한다는 면에서 단절에 속한다. 다르게 말하면 '지역 이기주의'라고 부르기도 한다.

도스토옙스키가 경계한 단절이 오늘날에는 매우 다양한 형태로 나타난다. 개인의 이기주의, 가족 이기주의, 지역 이기주의를 넘어서 국가 이기주의라는 말도 생겼다. 혐오 시설은 반대하지만 대학이나 미술관 등 지역 발전에 도움이 되는 시설은 서로 유치하려고 경쟁한다. 어떤 지역에서는 공공기관이 교외 지역으로 이전하는 것도 필사적으로 반대한다. 자신들의 생존권이 위협받는다는 이유다. 대학가 주변의 원룸 임대업자들은 대학에 기숙사가 들어서는 것을 반대한다. 대학 기숙사 때문에 원룸 임대 수입이 줄어들면 자신들의 노후는 누가 책임지냐며 목소리를 높인다. 하지만 지방 학생들이 저렴한 비용으로 숙식을 해결하려면 대학 기숙사가 필요하다. 원룸 임대업자들은 학생들의 편의보다 자신들의 생존권이 먼저인 것이다. 남에 대한 배려와 연민, 이웃에 대한 사랑이 부족한 사람들이다. 도스토옙스키가 이런 사회 현상을 보았다면 "이러다간 우리 다 죽어!"라고 외치지 않았을까?

이기주의가 아니라 정당한 권리 주장이다

지역의 혐오 시설 건설을 반대하는 이들은 지역 이기주의로 내몰리곤 한다. 그러나 모든 님비 현상을 지역 이기주의라고 매도할 수는 없다. 사회 전체로 봐서는 꼭 필요한 시설이지만 특정 지역에 설치하면 그곳의 땅값이 떨어질 수 있다. 이것은 엄연히 자본주의 사회가 보장하는 재산권을 침해하는 것이 아닌가. 이기주의자가 되지 않기 위해서 우리 모두가 도스토옙스키처럼 살 수는 없지 않은가. 도스토옙스키는 돈을 달라는 가족과 친척의 성화에 못 이겨 자신이 입던

외투를 전당포에 맡기고 추운 러시아의 겨울철에 여름옷 차림으로 집을 나섰다. 이것을 진정한 배려와 연민, 사랑의 행동이라고 할 수 있을까? 그보다는 어리석은 행동에 가깝지 않을까?

만약 지역에 댐이 들어서서 살던 집이 수장된다면 원치 않는 이주를 하고 심지어 생업을 잃을 수도 있다. 오염 물질이 배출되는 공장이 들어선다면 지역의 생존권 자체가 위협받을 수 있다. 이럴 때 시설 건립을 반대하는 것은 지역 이기주의로 비칠 수도 있지만, 이는 엄연히 재산권과 생존권을 지키기 위한 정당하고 합리적인 행동이다.

사회 전체에 필요한 시설이라는 이유로 그로부터 빚어지는 위험성과 불이익을 특정 지역민에게 감수하게 하는 것은 부당한 처사다. 님비를 지역 이기주의로 내모는 것은 행정 편의주의에 빠진 관료들의 인식이라는 주장도 있다. 관료들이 지역 이기주의를 내세워 과거의 불합리한 관행을 민주적인 절차에 따른 집행으로 둔갑시킨다는 것이다. 이를테면 지역 이기주의에 대한 죄책감을 조장하며 주민들을 포섭함으로써 정책 입안자의 불합리한 결정을 불도저처럼 밀고 나간다는 것이다.

님비라고 무조건 비난하지 말고 주민들이 왜 반대하는지 면밀히 조사하는 게 우선이다. 만약 혐오 시설을 짓는다면 지역민들 각자에게 합당한 보상을 해 줄 수 있는지, 정책 입안 과정이 투명하고 민주적인지, 주민과 정부와의 갈등을 조율할 기관이나 규정이 있는지 되

돌아봐야 한다. 또 주민들이 막연한 선입견이나 정서적 거부감 때문에 무조건 반대하는 것은 아닌지도 알아봐야 한다. 하수처리장이나 음식물 쓰레기 처리장 같은 시설이 들어선다고 하면 악취와 환경오염에 대한 걱정으로 무조건 반대하는 경우가 많다. 하지만 요즘에는 기술이 워낙 발달해서 그런 염려가 많이 줄어들었다. 이런 경우에는 주민들의 선입견과 불안감을 덜어 주는 일이 무엇보다 중요할 것이다.

사고력을 높이는 끝장 토론 💬

1. '양파 한 뿌리' 이야기에서 노파가 다른 죄수들을 발로 걷어차지 않았다면 지옥에서 빠져나올 수 있었을까요? 여러분이 하느님이라면 평생 수전노로 살다가 딱 한 번 작은 선행을 베푼 노파를 천국에 보내 줄 수 있을까요?

2. 여러분이 행정가로서 어느 지역에 공공 노인 요양원을 꼭 건립해야 한다면 반대하는 주민들을 어떻게 설득할 건가요?

두 번째 부인
안나와의 만남

빚과 빈곤에 시달리던 도스토옙스키가 한 출판업자와 매우 불리한 계약을 맺었다. 3천 루블의 계약금을 받는 조건으로 1866년 11월 1일까지 소설 한 편을 완성해야 하며, 만약 완성하지 못하면 앞으로 9년 동안 출간 작품의 저작권을 모두 그 출판업자에게 넘긴다는 계약이었다. 3천 루블을 받은 도스토옙스키는 죽은 형의 빚을 갚는 데 그 대부분을 쓰고, 나머지는 도박판에서 모두 날렸다. 어영부영하다가 마감 기한이 한 달 앞으로 다가왔다. 다급해진 것은 도스토옙스키 자신이 아니라 그에게 돈을 빌려준 친구들이었다. 저작권이 출판업자에게 넘어가 버리면 도스토옙스키에게 빌려준 돈을 받기도 어려울뿐더러 앞으로도 그에게 계속 돈을 빌려줘야 했기 때문이다.

친구들은 사태를 해결하기 위해서 긴급 회의를 열었다. 친구들이 각자 소설의 한 장章씩 맡아 쓴 다음 도스토옙스키가 최종적으로 취합하도록 하는 계획을 세웠다. 도스토옙스키는 이 제안을 단호히 거절했다. 작가의 자존심이 허락하지 않았다. 놀란 친구들은 두 번째 제안을 했다. 속기사를 보내 줄 테니 함께 소설을 완성하라는 것이었다. 결국 도스토옙스키는 풋내기 속기사인 안나 그리고리예브나와 10월 4일부터 소설을 쓰기 시작했다. 10월 29일 마침내 완성한 소설이 《노름꾼》이다. 작가의 도박 경험을 살린 자전적인 작품이다. 이로써 출판업자에게 저작권을 뺏기는 일은 일어나지 않았다.

안나와 호흡이 잘 맞았던 도스토옙스키는 그해 11월 8일, 《죄와 벌》 집필을 앞두고 안나에게 연락했다. 집으로 찾아온 안나에게 작가는 새로 구상한 작품 이야기를 들려주었다. 한 예술가의 생애를 줄기로 한 이야기였다. 소설 속에서 예술가는 대체로 이런 삶을 살았다. "혹독한 유년 시절. 사랑하는 아버지가 일찍 돌아가심. 10년 동안 병에 시달리느라 작품 활동을 제대로 하지 못함. 아내와 사별함. 착하지만 감정 표현에 서투름." 반면에 여주인공은 이런 사람이다. "착하고 똑똑함. 생동감이 넘치고 사교성이 좋음."

대략적인 설정을 들은 안나는 여주인공이 예쁘냐고 물었다. 도스토옙스키는 아주 예쁘진 않지만 못생기지도 않았다고 대답했다. 그리고 떨리는 목소리로 이렇게 물었다.

"잠깐만. 당신이 그 여주인공의 처지가 되었다고 생각해 보세요. 남자 주인공인 예술가는 나라고 가정하고, 내가 당신에게 사랑한다고 하면서 청혼을 합니다. 그럼 당신은 뭐라고 대답하실 건가요?"

"나도 당신을 사랑해요. 그리고 당신을 세상이 끝날 때까지 사랑할 거라고 대답할 겁니다." 안나가 대답했다.

둘은 이듬해 결혼했다. 그 후 도스토옙스키의 빛나는 저작이 세상에 나오기 시작했다.

전교생 무료 급식,
꼭 해야 할까?

《한비자》 한비

《한비자》는 중국 춘추 전국 시대에 활동한 한나라의 귀족 한비韓非, 기원전 280~
기원전 233의 통치술에 관한 글을 모아서 펴낸 책이다. 보통은 '한비'를 높여서
'한비자'라고 부른다. 《한비자》는 한마디로 법가 사상을 집대성한 책으로, 엄
격한 법치로 강력한 왕권을 구축해야 하는 근거를 제시한다. 그래서 동서고금
을 망라하고 제왕들의 필독서였다. 오늘날에는 강력한 리더십을 갖추기를 원
하는 경영인들의 교과서로 널리 읽히기도 한다.

한비자에 따르면 인간의 본성은 원래 악하며, 기본적으로 이익을 추구한다. 그래서 공이 없더라도 있는 것처럼 주장해서 상을 받으려 하고, 죄를 짓고도 안 지은 것처럼 꾸며서 벌을 피하는 습성이 있다. 이런 인간들을 잘 다스리고 나라를 원활하게 통치하려면 상과 벌을 적절히 내리는 게 중요하다. 군주가 사랑과 관용으로만 통치를 하면 나라가 망하고 군주 자신도 목숨을 지킬 수 없다. 한비자가 말하는 유능한 군주는 실적을 꼼꼼히 따져서 공이 있는 자에게 상을 내리고 죄가 있는 자에게는 엄벌을 내릴 수 있어야 한다.

죄가 있는데 처벌하지 않는 것은 법치주의뿐만 아니라 나라의 근간을 무너뜨리는 처사다. 이 말을 부인하는 사람은 거의 없을 것이다. 그런데 한비자는 여기서 한 발 더 나아간다. 그에 따르면 가난하다고 해서 나라가 아무 조건 없이 복지를 베푸는 것은 죄인을 처벌하지 않는 것만큼이나 위험하다. 조건 없는 복지 혜택은 사회를 폭력과 혼돈으로 가득 채우는 결과를 빚게 된다. 사회에 이바지한 공이 없는 사람을 무조건 배려하고 도와주면 누가 열심히 일하려 하겠는가. 누가 목숨을 걸고 전쟁터에 나가 싸우려 하겠는가. 따라서 올바른 통치란 공을 세운 자에게 어떤 보상을 하는지, 죄를 지으면 어떤 벌을 내리는지 미리 알려서 백성들에게 동기 부여를 하는 것이다. 그렇게 하면 백성들이 상을 받기 위해 열심히 일하고, 벌을 피하기 위해 죄를 짓지 않게 된다.

채찍과 재갈을 사용해야 말을 제대로 부릴 수 있는 것처럼 백성에게는 형벌이라는 통제 수단과 당근이라는 보상이 필요하다. 한마디로 '공짜 점심'은 나라를 망하게 하는 지름길이라는 것이 한비자의 주장이다. 오늘날의 무상 복지 정책과는 너무나 동떨어진 주장이다. 더구나 지금은 가난한 사람을 위한 무상 복지뿐만 아니라 무상 교육제도 등 빈부에 상관없이 모든 국민에게 베푸는 무상 복지 정책도 많다. 과연 한비자의 주장처럼 무상 복지 정책은 나라를 병들게 하고 망하게 하는 길일까?

무상 복지와 선별 복지의 대립

현대 사회에도 한비자의 주장에 공감하는 의견이 많다. 예를 들어 무료로 제공하는 농어촌 방과 후 수업, 교과서 무상 공급 등에 대해 비판적인 사람들이 있다. 공짜로 책을 나눠 주니 학생들이 책을 아끼지 않는다고 말한다. 더욱이 공짜 책으로는 공부를 열심히 할 마음도 들지 않을 거라고 주장한다. 심지어 나라에서 '거지 근성'을 조장한다는 의견도 있다. 지금은 거의 정착이 되었지만 무료 급식도 도입 과정에서 극심한 의견 충돌이 있었다. 가정 형편이 매우 어려운 학생은 그렇다 치더라도 부유한 집 학생들에게까지 무상 제공을 할 필요가 있는가 하는 논쟁이었다. 이에 대해 모든 학생에게 보편적인 복지를 베풀자는 주장과, 개인의 경제적 사정을 고려해 선별적인 복지를 시행해야 한다는 의견으로 갈렸다.

원래는 학교 안의 좁은 문제였던 무료 급식 사안은 지방 선거와 맞물려 정치적 문제로까지 확대되었다. 급기야 무상 복지에 대한 방향을 결정하는 중요한 잣대로 발전했다. 우리나라는 경제가 안정되고 선진국으로 발전하는 과정에서 전 국민을 상대로 한 복지 제도를 꾸준히 확대했다. 국민연금, 건강보험, 저소득층과 노령층을 위한 지원 등이 대표적이다. 무료 급식을 계기로 무상 복지 제도에 대한 근본적인 판단을 하게 된 셈이다.

복지 제도 자체를 부정한 한비자의 주장은 오늘날의 복지 사회에서 받아들여지지 않는다. 그 대신 복지 제도 시행을 보편적으로 하느냐 선별적으로 하느냐를 두고 갑론을박이 벌어진다. 굳이 따지면 선별적 복지가 보편적 복지보다 한비자의 주장과 가까운 셈이다.

무료 급식에 대한 논쟁이 있었을 때 저소득층 학생에게 무료 급식을 제공하는 것에는 이견이 없는 편이었다. 고등학생에게 무료 급식을 시행하기 전의 상황은 학교 현장에서 지켜본 사람만이 그 끔찍함과 비참함을 알 것이다. 극소수 학교지만 급식비를 내지 못한 학생들에게는 점심을 못 먹게 하는 경우도 있었다. 급식비를 몇 달 동안밀린 학생들은 눈치를 보며 점심을 먹는 모습이 교사의 눈에 훤히 보였다. 얼핏 보면 눈치 따위 보지 않고 자연스럽게 행동하는 것 같지만, 자세히 보면 애써 아무렇지 않은 척하는 모습이 역력했다. 만약 형편이 너무 어려워 3년 내내 급식비를 못 낸다면 그 지옥 같은 점심식사를 3년 내내 해야 했던 것이다.

보편적 무료 급식을 해야 한다

모든 학생에게 무료 급식을 제공해야 한다는 의견을 살펴보자.

전 학생 무료 급식을 시행하면 복지 제도의 사각지대에 있는 학생들을 보호할 수 있다. 선별적 무료 급식을 시행할 경우 무료 대상자와 유료 대상자로 학생들이 나뉘게 된다. 무료 대상자들은 급식 신청 과정에서 집안의 가난을 증명해야 하는 상황에 처하게 된다. 그들이 겪게 될 정서적 상처와 갈등을 고려하지 않을 수 없다. 이러한 갈등은 나아가 사회적 분열을 초래할 수도 있다.

어떤 사회 복지든 선별적으로 시행할 경우 그 혜택을 받는 사람과 못 받는 사람 간에 사회적 괴리가 생길 수 있다. 과거와 달리 복지는 국가의 중요한 기능 중 하나가 되었다. 복지 혜택을 국민의 기본권으로 삼아야 한다는 주장도 있다. 예를 들어 헌법에서 보장하는 기본권에 따라 무료로 시행하는 의무 교육처럼 의무 교육 수행에 필요한 급식도 무료로 제공하는 것이 헌법적 가치에 맞는다고 하는 주장이다.

코로나19 사태로 지급한 재난 지원금의 지원 범위 문제를 생각해 보자. 2021년 9월에 있었던 5차 재난 지원금의 경우, 전 국민에게 지원하자는 의견과 소득 하위 80퍼센트에게만 지원하자는 의견이 충돌했다. 결과적으로 선별적 지급 방안을 시행했는데, 시행 이후에도 한동안 의견 분쟁이 있었다. 당시 소득 하위 80퍼센트를 정하는 기준은 6월분 건강보험료에 있었다. 본인 부담 건강보험료의 가구별 합산액이 지원금 선정 기준표에 나온 일정 금액 이하이면 1인당 25만 원을 지원한다는 것이었다. 이에 따라 이른바 '재벌'들 중에도 25만 원을 지급받은 사람이 적지 않았다. 이러한 사실에 대해 불만의 목소리가 쏟아져 나왔지만 이에 대한 보완책은 없었다.

한편 지원금을 받은 사람과 못 받은 사람들은 자신이 소득 하위 80퍼센트, 또는 소득 상위 20퍼센트에 해당한다는 사실을 새삼 인식하게 되었다. 소득 상위 20퍼센트라고 해서 실제로 경제적 풍요를 누리는 사람만 있는 것도 아니었다. 그런 사람들은 불만을 털어놓고 싶어도 맘 놓고 털어놓기도 민망한 분위기가 조성되었다. 털어놓았다가는 자신이 소득 상위 20퍼센트에 해당한다는 자랑 아닌 자랑을 하는 것으로 오해받을 수 있었다. 선별적 재난 지원을 하다 보니 이렇게 엉뚱한 지점에서 사회적 괴리를 양산하게 된 면이 있었다.

교육비 줄이기 차원에서도 무료 급식은 큰 의미가 있다. 꼭 저소득층이 아니더라도 우리나라 대부분의 학부모들은 교육비로 허리가 휜다. 물론 한 달에 10만 원 안팎의 급식비가 전혀 부담되지 않는 가정도 많다. 하지만 여기저기 치러야 할 비용이 많은 상황에서 10만 원도 부담되는 것이 많은 가정의 현실이다. 급식비를 절약해 다른 용도의 생활비로 사용한다면 그만큼 개인의 삶이 윤택해지지 않을까?

선별적 무료 급식을 해야 한다

보편적 무료 급식에 반대하는 사람들의 의견을 들어보자.

급식비를 충분히 감당할 수 있는 학생들에게까지 무료 급식을 제공하는 것은 예산 낭비가 될 수 있다. 또 무료 급식을 위한 예산 때문에 꼭 필요한 다른 분야의 예산이 삭감되어 전반적으로 교육 여건이 나빠진다. 고소득층에게 지원할 복지 예산을 절약해서 저소득층과 중산층에게 더 많은 혜택을 준다면 오히려 복지 제도의 취지를 더 잘 살리는 결과를 얻게 된다. 경제적, 사회적, 신체적 기준에 따라 선별적으로 복지 제도를 제공하는 것이 중요하다.

선별적 혜택의 편에 선 사람들은 저소득층, 노령층, 장애인 결손 가정 등 자립 능력이 부족한 사람들에게만 혜택을 제공하는 작은 정부를 지향한다. 이들은 복지 제도는 한번 시행하면 폐지하기가 어려운 면이 있으므로 가급적 그 범위를 좁히고 보수적으로 운영하는 게 좋다고 주장한다. 혜택 범위가 넓다 보니 직장에 나가 힘들게 일하느니 직장을 그만두고 일부러 실업자로 등록하는 사람도 있다. 그러면 집에서 편히 쉬면서 저소득층에게 제공하는 금전적 지원을 받으며 살아갈 수 있기 때문이다.

앞에서 의무 교육이 무상이므로 급식도 무상이어야 한다고 주장하는 사람들이 있다고 했다. 그런 논리라면 급식뿐만 아니라 교복이나 체육복도 무상으로 제공해야 한다는 의견이 나올 수 있다. 반대론자들은 그런 논리가 성립하지 않게 하기 위해서라도 보편적 무료 급식을 반대한다. 오히려 학습 도구, 참고서, 학용품을 우선 지원하고 급식은 선별적으로 지원하는 것이 더 교육적이라고 주장한다. '밥을 공짜로 먹이는 것'은 교육으로 인정하지 않는 것이다.

한편 보편적 복지 혜택 제도는 선거에서 더 많은 표를 얻기 위한 수단으로 이용되는 경우도 있다. 인기를 얻기 위한 목적으로 복지 혜택에 대한 약속을 남발하는 것은 경계해야 한다. 복지 혜택에만 치중하다가 사회 간접 자본이나 고부가 가치 산업에 투자할 예산이 부족해질 수 있다. 그러면 경제가 후퇴하고 결국 저소득층의 소득이 더욱 줄어드는 부작용을 낳게 된다.

사고력을 높이는 끝장 토론 💬

1. 우리나라 정치 지도자 중에서 한비자의 통치술을 가장 적극적으로 실천한 인물은 누구일까요?

2. 기업을 경영하는 지도자에게 가장 필요한 덕목은 무엇일까요?

한비자는
말더듬이였다

진시황제는 엄격한 법치를 통해서 강력한 왕권을 행사해야 한다는 한비자의 주장에 감명을 받고 간절히 그를 만나고 싶어 했다. 하지만 마침내 한비자를 대면한 진시황제는 큰 실망을 하고 말았다. 그토록 화려한 글 솜씨를 자랑하는 한비자는 말더듬이였다. 성격이 불같았던 진시황제는 한비자의 어눌에 말투에 숨이 막힐 것 같았다.

천하를 통일하고도 진시황제는 한비자를 중용하지 않았다. 한비자는 중용되기커녕 모함을 받아 감옥에서 자결하기에 이른다. 비록 불우한 삶을 살다 갔지만, 한비자의 사상은 영원했다. 진시황제는 한비자의 사상을 통치 이념으로 삼고 실천에 옮겼다. 오늘날 중국 공산당도 한비자의 사상을 국가 운영의 한 축으로 삼는다. 중국 공산당원의 필독서는 《논어》가 아니라 《한비자》다.

3장

....

선악과 정의

모두가 가는 길을 따라야 할까?

《도덕경》노자

중국 춘추 시대의 사상가인 노자老子. ?~?는 원래 주나라의 장서를 지키고 기록물을 작성하는 관리였다. 출세를 거듭해 오늘날의 국립도서관장 격의 자리에 올랐으나 졸지에 자리를 잃고 낙향하게 되었다. 낙향하는 그에게 그동안의 경험을 바탕으로 좋은 가르침을 전해 달라는 청이 있었고, 그에 따라 쓴 책이 《도덕경》이다. 이 책은 세상이 나아가야 할 길道을 제시하는 '도경道經'과, 그 길을 가기 위해 우리가 쌓아야 할 덕德에 대해 밝히는 '덕경德經'으로 이루어졌다.

노자의 《도덕경》에 관한 가장 흔한 오해는 무위자연설無爲自然設에 관한 것이다. 세상만사가 모두 허무하니 아무것도 하지 말고 방관하라는 말로 오해하는 사람들이 있는데 그런 뜻이 아니다. 노자가 말하는 무위자연이란 모든 억압과 인위적인 것을 버리고 자연의 흐름과 함께하면 고통 없이 행복하게 살 수 있다는 뜻이다.

노자, 공자, 맹자 등 춘추 전국 시대의 사상가들은 모두 중국의 왕인 천자天子를 유일한 권력자로 삼고 나라를 다스리는 방법을 설파했다. 그중에서 노자는 통제와 감시로 백성 위에서 군림하는 것이 아니라 백성을 섬기는 자세로 나라를 다스리라고 강조했다. 바로 이것이 무위자연에 따른 정치다.《도덕경》은 천자의 태도에 관한 글이지만 그 사상은 오늘을 살아가는 우리에게도 매우 가치 있게 다가온다. 천자가 나라를 다스리는 지혜를 우리는 자신을 다스리고 경영하는 지혜로 삼을 수 있다.

남들이 가지 않는 길

《도덕경》40장에는 반자도지동反者道之動이라는 말이 나온다. 반대로 가는 것이 도道의 운동성이라는 뜻이다. 노자는 모든 사람이 맞다고 생각하는 방향에는 반드시 함정이 있기 마련이며, 남들이 좋다고 생각하는 방향은 결국 위험한 길일 수 있다고 설파한다. 많은 사람이 옳다고 생각하는 방식을 맹목적으로 따르지 않고 남들과 다르게 생각하는 역발상이야말로 노자의 전체 사상을 관통하는 핵심이다. 남들이 모두 가려고 하는 길을 바라보지 않고 자신이 좋아하고 옳다고 생각하는 길을 선택하기는 쉽지 않다. 그 길은 외로운 길이며, 특히 나이가 어린 사람은 더더욱 선택하기가 어렵다.

우리는 10대 때 중요한 선택을 두 번 해야 한다. 중학교 3학년 때는 어떤 고등학교에 진학할지 선택해야 하고, 고등학교 3학년이 되면 취업과 진학의 갈림길에 서게 된다. 대학 진학을 원하는 학생이라면 어느 대학에 갈지, 무엇을 전공할지 선택해야 한다. 현재 우리나라의 많은 인재가 의학부로 몰리고 있다. 공학부 학생들은 취업이 잘 된다는 소위 전화기전기전자공학, 화학공학, 기계공학 학과를 선호한다. 문과 학생들이 경영학과나 경제학과를 선택하는 것도 취업에 유리한 학과라는 게 가장 큰 이유다. 교사와 교과서는 학생들에게 적성과 흥미에 맞는 과를 선택하라고 조언하지만, 대학마저도 취업이 어려운 인문계

열 학과의 정원을 줄이거나 학과를 아예 폐지하는 추세다. 노자가 만약 오늘날의 우리나라 학생이라면 단순히 취업과 돈벌이에 유리하다고 해서 의과나 공과 대학을 선택하지는 않을 것이다. 적성을 무시하고 직업을 선택하면 머지않아 그 일을 그만두는 경우가 허다하다. 억지로 버틴다고 해도 은퇴할 때까지 약 30년 동안 재미없는 일을 하면서 보내는 것은 너무 불행하지 않은가.

전망 좋은 직업의 허구

《도덕경》12장을 살펴보자.

五色令人目盲 오색령인목맹

五音令人耳聾 오음령인이롱

五味令人口爽 오미령인구상

馳騁田獵令人心發狂 치빙전렵령인심발광

難得之貨令人行妨 난득지화령인행방

색을 다섯으로 나누는 것은 사람의 눈을 멀게 하고
소리를 다섯으로 나누는 것은 사람의 귀를 먹게 하고

맛을 다섯으로 나누는 것은 오히려 사람의 입맛을 상하게 한다.

들에서 말을 달리며 사냥을 하는 것은 사람의 마음을 미치게 한다.

취하기 어려운 재산을 만드는 것은 사람의 도를 방해한다.

이 세상에는 수많은 색이 있고 수많은 소리가 있으며 헤아릴 수 없는 다양한 맛이 있다. 그런데 그중에서 단지 다섯 가지 색, 소리, 맛만 생각하는 것은 눈과 귀가 멀고 맛을 느끼지 못하는 것이나 마찬가지라고 노자는 말한다. 또 탐욕에 사로잡혀 오직 한 가지 목표만을 바라보며 달려가면 이 또한 그릇된 길로 빠질 수 있다고 경고한다. 노자가 말하는 좋은 세상이란 모두가 의사, 약사, 판검사가 되기 위해 질주하는 사회가 아니라, 모두가 각자 좋아하는 일을 하며 조화를 이루어 나가는 사회다. 유튜브를 창업한 스티브 첸을 비롯한 많은 성공한 창업가들은 전망이 좋다는 일에 뛰어든 것이 아니라 자신이 좋아하는 일을 했을 뿐이다.

진로에 대해 이야기할 때 많은 전문가와 교사 들은 '전망'을 강조하지만, 사실 앞날의 상황을 예측하는 것은 매우 어렵다. 요즘 같은 시대에는 일 년만 산속에 묻혀 살다 나와도 신조어를 알아듣지 못해 당황할 가능성이 높다. 이렇게 급속도로 변하는 세상에서 수년, 수십 년을 내다보고 전망 좋은 직업을 예측하기란 쉽지 않다. 자칫하다가는 군대에 간 사이 자신이 다니던 대학이 폐교되어 사라지기도 하는 시대다. 더구나 요즘 대학생들은 '스펙'을 쌓기 위해 휴학도 많이 해서 예전처럼 4년 만에 졸업하는 경우가 확연히 줄어들었다. 전망이 좋고 취업이 잘 된다는 학과를 선택했는데 졸업할 시점이 되면 그 분야의 경기가 나빠져서 취업이 어려워질 수 있다. 전망 좋은 직업과 돈벌이만을 위해 '사냥'을 하듯 맹목적으로 달리다 보면 자아를 잃고 욕심의 노예가 되기 십상이라는 것이 노자의 생각이다.

수십 년 전만 하더라도 집안에서 공부 잘하는 아이가 있으면 주변 어른들은 나중에 커서 판검사가 되라며 한마디씩 거들었다. 그 아이는 자신이 무엇을 좋아하는지 생각할 틈도 없이 판검사를 향해서 달려가기 마련이었다. 명문 대학 법대에 들어가더라도 판검사가 되는 길은 좁디좁다. 신림동 고시촌은 젊은이들의 꿈이 꿈틀거리는 희망의 상징이기도 했지만, 반대로 '고시 낭인'이라고 부르는 장수생의 비애도 함께하는 곳이었다. 우리나라 최고의 법대를 나와 무려 50년 간 사법시험에 응시한 사람도 있다. 오랜 세월 동안 사법시험에 매달리다가 끝내 실패하고 나쁜 선택을 하는 사람도 있었다.

사법시험을 폐지하고 로스쿨 제도를 도입한 이유 중 하나가 고시 낭인이 되어 인생을 허비하는 일이 없도록 하기 위한 것이다. 로스쿨 제도의 응시 횟수를 5회로 제한한 것도 고시 낭인에 대한 방지책이다. 적성과 능력에 맞지 않은 고시를 꿈꾸다가 이도 저도 아닌 인생을 살게 된 사람들이 그만큼 많았다는 것이다.

강요하기보다 주체적으로 나아갈 수 있도록

노자는 상선약수^{上善若水}라고 해서 물처럼 낮은 곳에 임하며 남들과 다투지 않는 삶을 최고로 여겼다. 제왕이라고 백성들 위에서 군림할 것이 아니라 하인 리더십^{servant leadership}을 갖추기를 권했다. 군주가 낮은 자세로 백성을 위하면 마땅히 백성도 군주를 섬기게 되어 나라가 편안해진다는 것이다.

부모와 자식 사이도 마찬가지다. 러시아의 대문호 도스토옙스키의 아버지는 빈민구제 병원 의사로서 자수성가했고 근검절약을 평생의 신조로 삼았다. 아들 도스토옙스키와 그의 형을 사관 학교에 보낸 것도 돈을 아끼기 위해서였다. 어려서부터 독서와 사색을 좋아한 도스토옙스키는 군인이 되고 싶은 마음이 없었다. 그런데도 아버지는 적성도 고려하지 않고 아들을 사관 학교에 보냈고, 돈을 아껴 쓰라고 끊임없이 강조했다.

그래서 도스토옙스키는 군인이 되어 근검절약하며 살았을까? 모두가 아는 것처럼 그는 군인으로서 성공하지도 못했고, 돈을 아끼기는커녕 평생 낭비벽이 심했다. 사관 학교 시절에도 돈 많은 친구들처럼 깃털 달린 모자가 가지고 싶어 아버지에게 끊임없이 돈을 요구했다고 한다. 작가가 된 후로는 원고료를 도박으로 탕진했다.

부모가 원하는 방향대로 자식을 키우기는 어렵다. 부모가 어떤 길을 강요할수록 자식은 반대의 길을 걷기가 쉽다. 자식을 믿고 지켜보다 보면 언젠가 스스로 일어나 주체적으로 앞길을 개척한다는 것이 노자의 가르침이다.

물론 부모가 강요하고 억압하면 자식은 어느 정도 기대에 부합하는 것처럼 보인다. 실제로 성과를 보여서 기쁨을 안겨 주기도 한다. 그러나 억압과 강요 속에 자랄 경우 단기적으로는 성과를 보일 수 있으나, 장기적으로는 부모의 기대와 동떨어진 결말을 맞이할 가능성이 크다. 억압과 강요로 만들어 낸 성과는 자식에 대한 것이든 회사 업무든 단기적인 것일 뿐이다.

적성과 흥미만을 좇아야 할까?

인생을 살다 보면 자신이 좋아하는 일보다 남들이 좋다고 하는 일을 해야 할 경우가 많다. 노자는 이 점이 우리 인생을 피폐하게 만든다고 생각했다. 그러나 과연 자신이 좋아하는 일만을 하며 만족스럽게 살아가는 사람이 얼마나 될까?

필자가 대학 시험을 앞두고 어떤 학과를 갈지 고민할 때 담임 선생님은 흥미보다는 취업 유망 학과를 강조하셨다. 문학이 좋다는 나에게 경영학과를 권하면서 문학은 취미로 즐기라고 하셨다. 결국 내고집대로 문학을 선택했지만, 담임의 조언을 따르지 않은 것을 곧 후회했다. 막상 대학에 입학하고 보니 최대의 화두는 취업이었고, 문학 전공자에게 취업은 머나먼 산이었다.

한편 자신이 진정으로 좋아하는 일이 무엇인지, 적성에 맞는 일은 무엇인지 몰라 방황하는 사람도 많다. 적성에 맞는다고 생각해서 학과를 선택했는데 막상 대학에 들어가 보면 기대와는 사뭇 달라서 당황하기도 한다. 대학에서 즐겁게 공부하고 전공 분야로 취업했더라도 막상 일에서는 적성에 맞지 않는다거나, 급여가 너무 적어서 보람을 느끼지 못할 수도 있다.

아무리 좋아하는 일이라도 금전적인 보상이 따라 주지 않으면 쉽게 지치고 만다. 그래서 적성과 상관없이 돈벌이에 유리한 분야를 선택하는 것이 결국 자신이 좋아하는 일을 하며 살아갈 수 있는 길이라고 생각하는 사람도 많다. 돈이란 물질적인 풍요만을 위해서 필요한 것이 아니라 뭐든 할 수 있는 기회를 만들기 위한 수단이라고 여기는 것이다.

적성과 흥미에 맞으면서 금전적 보상도 충분하고 보람까지 안겨주는 이상적인 직업을 어떻게 찾을까? 그것은 말 그대로 이상일 뿐이며, 좋은 직장이란 그저 근무 조건이 좋은 직장을 말하는 것이라고 생각하는 사람도 많다. 그런 면에서 무조건 적성과 흥미만을 좇으라고 말하기는 어렵다.

사고력을 높이는 끝장 토론 💬

1. 노자는 자연을 있는 그대로 두는 것이 가장 좋다고 했습니다. 그렇다면 자연과 인간 모두에게 이로운 개발은 없는 것일까요? 있다면 어떤 사례가 있을까요?

2. 여러분의 꿈은 무엇인가요? 그것은 적성과 흥미에 따라 선택한 꿈인가요, 돈과 명예를 얻기 위해 선택한 꿈인가요? 어떤 이유로 선택했는지 자유롭게 이야기해 보세요.

인간은 자연의
일부일 뿐

서양에서는 인간이야말로 신을 가장 많이 닮은 존재이며, 인간

이 신을 대신해서 세상을 다스린다는 오랜 믿음이 있었다. 그

들은 인간이 세상의 중심이며, 자연의 질서는 인간을 중심으로

이루어진다고 생각했다. "인간은 만물의 척도다."라는 프로타

고라스의 말에도 인간을 세상의 중심으로 여기는 자연관이 배

어 있다. 한마디로 인간은 다른 존재보다 우월하다는 인식이

다. 그들은 인간만이 이성을 갖고 있으며 윤리적인 판단을 할

수 있다고 규정했다. 나머지 자연은 인간의 필요에 따라 얼마

든지 이용해도 된다고 생각했다.

그러나 노자의 생각은 달랐다. 노자는 인간 또한 자연의 일

부로서 자연을 마음대로 정복하고 착취할 수 있는 존재가 아니

라고 했다. 인간도 다른 모든 자연과 유기적으로 연결되어 있

으니 자연의 질서에 순응해야 한다는 것이다. 바로 이것이 인

위적인 것을 경계하고 자연과 함께하면 모두가 행복해질 수 있다는 '무위자연설'이다.

　오늘날 지구 온난화, 생태계 파괴 등 심각한 환경 오염 문제가 발생하는 것은 인간이 세상의 중심이라는 세계관에서 비롯되었다고 할 수 있다. 지금이야말로 인간과 자연이 조화를 이루고 살아야 한다는 노자의 자연관에 주목할 때다.

진정한 행복은 어떻게 얻을까?

《니코마코스 윤리학》아리스토텔레스

아리스토텔레스Aristoteles, 기원전 384~기원전 322의 《니코마코스 윤리학》에 대한 평가는 이 한마디로 가능하다. "세상의 모든 자기 계발서는 아리스토텔레스의 주석에 지나지 않는다." 오늘날의 자기 계발서는 사실상 아리스토텔레스의 말을 응용한 것일 뿐이라는 말이다. 아리스토텔레스는 평생 동안 '진정한 행복이란 무엇인가?'라는 질문의 답을 찾아다녔다. 이 책에는 행복한 삶으로 가는 길에 대한 아리스토텔레스의 철학이 담겨 있다.

《니코마코스 윤리학》에 관한 첫 궁금증은 왜 제목이 '아리스토텔레스 윤리학'이 아닌가 하는 것이다. 일단 이 책은 아리스토텔레스가 생전에 직접 쓴 책은 아니다. 그가 죽고 200년 뒤에 나왔고, 아리스토텔레스가 강의한 내용을 중심으로 기술되어 있다. '니코마코스'는 아리스토텔레스의 아버지 이름이기도 하고, 아들 이름이기도 하다. 많은 학자는 이 책이 아리스토텔레스가 아들을 위해 쓴 책, 즉 '니코마코스를 위한 윤리학'이라고 생각한다.

《니코마코스 윤리학》에서 말하는 '윤리학'은 오늘날 중고등학교에서 배우는 도덕만을 의미하지는 않는다. 이 책에서 윤리학은 '품성에 관한 논의'에 가깝다. 사람의 품성과 습관에 대해서 다루기 때문이다. 《니코마코스 윤리학》은 어떤 품성으로 어떤 습관을 실천하는 사람이 '좋은 사람'이 되며 '좋은 인생'을 살 수 있는지에 대한 대답이라고 할 수 있다.

사실 아리스토텔레스는 철학자이기 전에 우주 만물의 움직임에 대해 조예가 깊은 과학자였다. 그래서 비현실적이거나 공허한 주장을 하지 않았다. 초인적인 수행이 필요한 일을 권유하지도 않았다. 아리스토텔레스는 소박하고 현실적인 윤리학을 추구했으며, 따라서 그의 윤리학은 비교적 실용적인 조언에 가깝다.

아레테, 제 역할을 잘 수행하는 것

아리스토텔레스는 올바르고 좋은 삶이란 행복하게 살아가는 삶이라고 주장했다. 인간의 모든 행동이 목표로 삼는 것도 바로 행복이라고 했다.

그렇다면 행복이란 과연 무엇일까? 아리스토텔레스에 따르면 행복이란 이 세상에서 가장 좋은 것이라고 한다. 너무나 평범하고 당연한 명제다. '가장 좋은 것'에서 '좋은'은 착하다善는 뜻이 아니라 제대로 한다는 의미에 가깝다. 즉 아리스토텔레스는 세상의 모든 것들이 타고난 기능과 목적에 따라서 제 역할을 충실히 수행하는 것을 '좋은' 것이라고 표현했다. '좋은 컴퓨터', '좋은 카메라'라고 하는 것도 컴퓨터와 카메라가 제 기능을 효율적으로 잘 수행하고 있다는 뜻이다.

모든 존재가 자신의 임무를 완전하고 확실하게 수행하는 상태를 아리스토텔레스는 아레테arete라고 했다. 우리말로는 '탁월성' 또는 덕

德, virtue 이라고도 한다. 탁월성과 덕이 잘 작동될 때 비로소 '좋은 것'이라고 말할 수 있다. 노트북의 탁월성, 즉 아레테는 무엇일까? 가지고 다니기 편하고 게임할 때 원활하게 잘 돌아가며 문서 작성을 효율적으로 할 수 있는 것이다. 이런 노트북을 우리는 '좋은 노트북'이라고 부른다. 우리가 노트북에서 바라는 기능을 잘 수행하기 때문이다.

이성에 충실한 삶

그렇다면 '사람의 아레테는 무엇일까?'라는 질문이 자연스럽게 떠오른다. 어떤 사람이 탁월성을 갖춘 사람일까? 사람에게 주어진 고유한 기능과 역할은 무엇일까?

인간의 고유한 기능과 역할을 알고 그것을 실천하는 삶이 최고로 좋은 것, 즉 행복한 삶이라는 것이 아리스토텔레스의 행복론이다. 본능에 따라 욕구를 채운다거나 번식을 하는 것은 인간을 제외한 다른 동물들도 하는 것이니 인간의 고유한 기능이라고 할 수 없다. 다른 철학자들과 마찬가지로 아리스토텔레스는 인간과 다른 동물들을 구분하는 것은 '이성'에 있다고 생각했다. 육체적인 쾌락을 좇기보다 이성에 충실한 인생을 사는 것이 인간의 고유한 기능이며 임무다. 따라서 인간은 이성적인 판단에 따라 행동할 때 인간에게 주어진 아레테를 발휘하는 셈이다. 인간이 다른 동물에 비해서 우월한 장점은 이성에 있으므로 이성의 특성을 잘 살리고 행동으로 옮기는 것이 행복한 삶으로 가는 길이며, 이런 삶이야말로 인간으로서 가장 바람직한 인생의 모습이다. 바로 이것이 아리스토텔레스가 말하는 행복의 정의다.

행복에 이르기 위한 능동적인 태도

아리스토텔레스의 행복론에 따르면 이성적으로 사는 것이 좋은 삶이며, 좋은 삶이 곧 행복이라고 할 수 있다. 그런데 여기서 한 가지 의문이 든다. '이성적·윤리적으로 사는 삶 = 행복'이라는 공식이 선뜻 이해되지 않는다. 우리가 생각하는 행복하다는 것은 주로 쾌락을 의미하는 경우가 많다. 쾌락이란 일반적으로 육체적, 물질적인 것에서 느끼는 쾌락을 의미한다. 추운 날씨에 인적도 차도 끊긴 건널목에서 파란색 신호등을 기다리며 쾌락을 느끼기는 힘들다. 윤리적이고 도덕적인 행위를 하면서 쾌락을 느끼는 사람은 그다지 많지 않다는 말이다.

우리는 흔히 맛있는 음식을 먹는다거나, 사랑하는 사람과 여행을 간다든가, 간절히 원하던 물건을 손에 넣었을 때 행복하다고 느긴다. 이런 행복은 윤리적이고 이성적인 삶과는 다소 거리가 느껴진다. 이성적인 삶은 본능이 원하는 행동을 자제하고 매사에 심사숙고해서 올바른 판단과 행동을 하는 삶이다. 즉 하고 싶지만 하지 말아야 할 행동을 참고 절제하는 삶이다. 하지만 우리는 어떤 속박이나 규제에 얽매이지 않고 자유롭게 행동할 때 행복을 느낀다. 돈이 많아서 일을 하지 않아도 되고, 원하는 물건을 마음대로 사고, 가고 싶은 곳도 마음껏 가는 자유로운 삶을 행복하다고 여긴다. 그런 면에서 아리스토텔레스가 말하는 인간의 아레테, 즉 이성적인 삶은 우리가 피부로 느끼는 행복과 다소 차이가 있다. 아무리 봐도 이 둘을 연결하는 것은 어색하다. 오로지 이성이 지배하는 삶은 산 속에서 도를 닦는 수도승처럼 살아야 한다는 생각이 든다. 일반인이 그런 삶을 살아간다면 과연 행복하다고 할 수 있을까?

여기서 중요한 것은 우리가 자유와 풍요 속에서 느끼는 행복과 아리스토텔레스가 말하는 행복은 개념이 다르다는 것이다. 아리스토텔레스에 따르면 우리가 행복이라 여기는 물질적인 풍요, 속박에서 벗어난 자유, 온갖 종류의 쾌락은 행복한 삶을 위한 조건일 뿐이지 그 자체가 행복은 아니다. 아리스토텔레스는 이상理想을 최고의 가치로 삼았던 스승 플라톤과는 달리 현실적이었다. 그는 보통 사람들이 추구하는 육체적 쾌락의 욕구, 명예욕, 물질욕이 어느 정도 필요하다고 인정했다. 다만 그런 것들은 어디까지나 행복한 삶을 살기 위한 수단일 뿐이며, 그 자체가 인생의 목표가 되어서는 안 된다고 강조했다.

아리스토텔레스에 따르면 이성적으로 행동하는 사람이 행복을 누리고, 행복을 누리는 사람이 좋은 인생을 살 수 있다. 다시 말해 행복은 돈을 많이 벌고 맛있는 음식을 먹는 것과 같은 외부 상황에 대해 반응하는 수동적인 것이 아니라, 능동적이며 실천적인 개념이다. 예를 들면 부잣집에서 태어나거나 복권에 당첨되는 것과 같은 운에 의해서가 아니라, 선의를 베풀고 이성적인 행동을 실천함으로써 얻어지는 것이 진정한 행복이다.

따라서 행복을 얻을 권리는 누구에게나 공평하게 주어진다. 재벌의 자식으로 태어나거나 복권에 당첨되는 행운은 극소수 사람만이 누릴 수 있지만, 이성적이고 합리적인 행동을 실천할 기회는 누구나 공평하게 갖고 있지 않은가. 이렇게 아리스토텔레스의 행복은 운이 좋아서 저절로 굴러오는 게 아니라, 누구나 자신의 노력과 의지로 얻을 수 있는 것이다. 그리고 선의와 이성에 따라 행동하는 사람은 그 행위를 함으로써 자연스럽게 행복감을 느낀다는 것이 아리스토텔레스의 주장이다.

중용의 덕

아리스토텔레스는 아레테, 즉 실천적인 덕◉을 강조했다. 합리적이고 이성적인 덕을 머리로만 아무리 많이 알고 있어 봐야 소용이 없다. 자신이 알고 있는 덕을 꾸준히 실천하는 것이 행복으로 가는 길이다. 여기서 기억해야 할 아리스토텔레스의 말이 하나 있는데 바로 '중용'의 중요성이다.

예를 들어 수영을 못하는 소년이 강가를 지나가다가 물에 빠져 살려 달라고 외치는 사람을 보았다고 하자. 이때 소년은 덕을 실천하기 위해 한시바삐 강으로 뛰어들어야 할까? 그것은 무모한 행동에 지나지 않는다. 합리적이고 이성적인 덕이 아니다.

여기서 필요한 행동이 바로 중용의 덕이다. 소년은 죽어 가는 사람을 모른 척해서도 안 되며, 무모하게 물에 뛰어들어서도 안 된다. 다른 사람에게 도움을 청하거나, 응급 구조 기관에 연락하거나, 주변에 있는 도구를 이용해서 물에 빠진 사람을 구하는 것이 현명한 행동이다. 말하자면 돈키호테와 햄릿의 중간적인 태도가 아리스토텔레스가 말하는 중용이다. 물론 그 중용이란 수학적인 나눔으로 정확히 계산되는 것은 아니다.

아리스토텔레스의 윤리에 대한 반론

아리스토텔레스의 윤리와 행복론은 부모나 교사 들이 자식이나 제자에게 잔소리하는 데 끌어다 쓰기에 안성맞춤이다. 경거망동하지 말고 이성적으로 생각하고 행동해야 하는 근거로 적합하다. 아리스토텔레스 이후로 2,000년간 그를 능가하는 철학자가 나오지 않았으니 그의 영향력은 여전히 젊은이들의 열정을 가로막고 있다.

그러나 윤리적이고 이성적으로만 살아가기는 매우 어렵다. 특히 인생의 격동기에 있는 청소년들은 열정적이고 열광적이며, 규율을 본능적으로 싫어한다. 아리스토텔레스가 만약 오늘날 다시 나타난다면 요즘 젊은이들을 보고 무슨 생각을 할까?

또한 아리스토텔레스의 행복론은 하층민을 다스리는 지배 계층의 삶에 들어맞으며, 피지배 계층에는 해당하지 않는다는 치명적인 단점이 있다. 고대 시대의 노예가 정의를 실천하기 위해 용기 있는 행동에 나설 수 있었을까? 그것은 매우 위험한 행동이다. 행복을 얻기 위해 반란이라도 일으켰다간 목숨을 잃을 수도 있기 때문이다. 그 당시의 피지배 계층은 아리스토텔레스가 강조하는 삶을 살아갈 수 있는 자유가 없었다.

자신의 삶을 주체적으로 계획하고 행동하는 것이 불가능한 사람에게 아리스토텔레스의 행복론은 무용하다. 현대 사회에서도 마찬가지다. 극빈층에게 '절제'를 강조할 수 있을까? 지금 당장 끼니를 때우기도 힘든 사람들에게 어떻게 절제를 해서 행복한 삶을 찾으라고 할 수 있을까?

사고력을 높이는 끝장 토론 💬

1. 아리스토텔레스는 탁월한 자연과학자이기도 했습니다. 자연과학과 철학은 어떤 연관성이 있을까요?

2. 명예나 부를 행복의 수단이 아니라 목표로 삼으면 안 되는 이유는 무엇일까요?

알렉산더 대왕의 스승이었던
아리스토텔레스

아리스토텔레스의 또 다른 위엄은 알렉산더 대왕의 스승이었다는 사실에 있다. 아리스토텔레스는 플라톤이 세운 아카데메이아에서 20년간 수학했으며, 플라톤이 죽고 난 뒤에는 아카데메이아 동문 출신이자 소아시아의 왕이 머무는 궁전에서 생활했다. 일설에 따르면 아리스토텔레스는 플라톤이 죽으면서 자신에게 아카데메이아를 물려주리라 기대했지만 아카데메이아는 다른 제자에게 넘어갔다고 한다. 그 후 그리스를 무력으로 흡수한 마케도니아의 필립 왕이 아리스토텔레스를 궁전으로 불러서 왕자의 가정교사 자리를 맡겼다. 그 왕자가 바로 알렉산더 대왕이었다. 제자가 왕이 되자 아리스토텔레스는 가정교사를 그만두고 학교와 거대 도서관을 건립했다. 아리스토텔레스의 하고많은 업적 중에는 도서 분류법을 창안했다는 기록도 있다. 모두 알렉산더 대왕에게 받은 든든한 수업료 덕분이었다.

아리스토텔레스는 그 당시에 알려진 모든 동식물에 관한 자료를 수집하기도 했다. 제자였던 알렉산더 대왕도 가능한 많은 동식물 표본을 구해서 스승에게 보내라고 지시했다. 제자를 잘 둔 덕분에 아리스토텔레스는 방대한 과학 자료를 모았고, 이를 근거로 사물을 수집 분류하며 논리적 증명에 치중하는 과학자가 되었다.

과학은 아리스토텔레스에서 시작된 것이나 다름없다. 제자인 알렉산더 대왕이 무력으로 세계를 정복했다면 스승인 아리스토텔레스는 '과학화'로 세계를 정복했다. 아리스토텔레스 이후 여러 세기 동안 후대 과학자들은 아리스토텔레스의 자연과학 저작 속에서 필요한 정보를 꺼내 썼다.

동물을 기계처럼 다뤄도 될까?

《방법서설》 르네 데카르트

어떤 책일까?

전 세계에서 널리 읽힌 《방법서설》은 프랑스어로 쓴 최초의 철학책이다. 르네 데카르트René Descartes, 1596~1650가 살았던 시대만 해도 철학책은 라틴어로 쓰는 것이 관례였다. 데카르트는 이 관례를 무시하고 누구나 쉽게 읽을 수 있도록 모국어로 이 책을 썼다. 관례와 형식에 얽매이지 않는 자유분방한 데카르트의 면모를 보여 주는 사례다. 데카르트는 이 책을 통해 신과 교리 중심의 중세 철학에서 벗어나 인간의 이성을 중시하는 근대 철학의 막을 열었다.

《방법서설》은 원래 꽤 긴 제목을 갖고 있는데, 풀이해 보면 '이성을 바르게 이끌어 여러 가지 학문에서 진리를 얻는 방법에 관한 서설'이다. 이 책은 중세를 지배하던 신앙이 아닌 인간의 이성을 강조함으로써 근대 철학의 시작을 알렸다. 또한 사물의 존재에 관한 사고가 아닌 개별 사물 사이에서 법칙을 탐구함으로써 근대 과학의 기틀을 잡았다. 이 책은 역사상 가장 유명한 철학 격언인 "나는 생각한다. 고로 존재한다."가 들어 있는 원전이기도 하다. 이 격언은 어떻게 해서 탄생하게 됐을까? 그것을 알기 위해 먼저 영화 〈매트릭스〉에 대해 이야기해 보자.

우리가 사는 세계는 진짜일까?

〈매트릭스〉는 인공지능 컴퓨터와 기계가 인간을 사육하는 2199년의 미래 세계를 무대로 펼쳐진다. 1999년에 개봉했으니 정확히 200년 뒤의 세상을 그린 공상 과학 영화다. 영화 속에서 인간은 태어나자마자 인공지능 컴퓨터가 만든 인공 자궁 안에서 살게 되며 뇌세포에는 매트릭스라는 프로그램이 주입된다. 그렇게 컴퓨터가 심어놓은 프로그램에 따라 평생을 살아간다. 인간이 오감을 통해서 경험하는 모든 것을 컴퓨터의 검색 엔진이 알고 있으며, 인간의 기억과 경험 또한 컴퓨터가 마음대로 주입하고 지운다. 컴퓨터가 지배하는 가상 세계에서 현실을 인지하는 인간은 없다. 인간과 컴퓨터의 처지가 바뀌어서 컴퓨터가 인간을 기계처럼 마음대로 조작하는데 인간은 그 사실을 모른다는 설정이다.

영화 속 이야기가 황당해 보일지도 모르겠지만, 이런 상상의 설정이 현실적으로 불가능하다고 증명하는 것 또한 어렵다. 우리가 사는 우주 안의 세상이 사실은 우리보다 지능이 더 우월한 생명체가 우주 밖에서 우리를 지켜보며 사육하기 위해 마련한 곳이 아니라는 것을 어떻게 증명할까? 인간이 진짜로 인공지능 컴퓨터에 지배당하고 우리보다 더 우월한 존재에게 사육당하고 있다고 해도 그 사실을 인지할 수 없다.

수학이나 과학도 마찬가지다. 1 더하기 1은 2라고 생각하지만, 이것 또한 인간의 착각일 수 있다. 원래는 1 더하기 1은 3인데 인공지능 컴퓨터가 2라고 생각하도록 우리를 조종하고 있는지 어떻게 알까?

종교와 과학의 분리

이 엉뚱한 상상을 진지하게 고민한 400년 전의 사람이 있었다. 그가 바로 중세를 마감하고 근대의 세계를 여는 실마리를 마련한 철학자 르네 데카르트다. 데카르트는 새로운 깨달음을 얻기 위해 세상의 모든 것을 의심했다. 만약 인간이 더 우월한 존재에게 조종당하고 있다고 가정하면 우리가 접하는 모든 물체와 지식이 가짜일 수 있다는 사실을 인정해야 한다. 우리가 보는 세상은 컴퓨터가 정해 두고 허락한 범위 안에 있는 세상이니까 말이다.

우리는 책상이나 컴퓨터에 대한 사실도, 1 더하기 1은 2라는 사실도 정말 사실이라는 것을 증명할 수 없다. 심지어 우리가 육체라고 생각하는 것도 사실은 가짜라고 생각할 수 있다. 우리가 외부의 다른 존재에게 조종되고 사육되고 있으며 세상의 모든 것이 진짜가 아니라고 의심할 수 있다. 그러나 결코 의심할 수 없는 사실이 하나 있다. 그것은 바로 우리가 의심하고 있다는 사실이다. 우리가 노트북이 가짜라고 생각하는 순간 우리가 의심하고 있다는 것은 분명한 사실이다. 우리가 어떤 것을 의심하는 순간, 의심하는 주체 즉 '나'는 존재해야 한다. 우리가 의심하고 있을 때는 우리가 분명 존재한다고 확신할 수 있다. 의심한다는 것도 생각의 일종이니 우리는 다음과 같은 명제를 얻는다.

"나는 생각한다. 고로 존재한다."

데카르트의 이 명언은 이렇게 해서 탄생했다. 이 말은 한마디로 우리 인간은 어떤 대상을 의심할 때만 자신의 존재를 확신할 수 있다는 것이다. 사물의 존재를 당연하게 받아들이지 않고 의심하는 행위는 과학의 시작이기도 하다. 데카르트가 존재한다고 확신할 수 있다고 말한 '나'라는 존재는 육체가 아니라 생각하는 정신이다. 육체와 정신을 분리해서 생각하는 것이다.

데카르트는 물체와 정신이 따로 존재한다고 주장함으로써 과학의 발전에 큰 물꼬를 텄다. 그 당시에는 오직 하느님의 말이 진리였고, 태양이 지구를 중심으로 돈다는 것을 의심할 수 없었다. 만약 신의 존재를 부정하거나 교회가 정한 진리를 의심하는 과학자가 있다면 화형에 처해졌다. 오늘날 위대한 과학자로 추앙받는 갈릴레오 갈릴레이도 지구가 태양 주변을 돈다는 지동설을 주장했다가 종교 재판에 넘겨진 끝에 그의 주장을 취소했다. 이탈리아의 사상가 조르다노 브루노는 지구가 아닌 다른 행성에도 생명체가 존재할 수 있으며, 우리가 모르는 다른 우주가 존재할 수 있다고 주장했다가 1600년 2월 로마 광장에서 화형당했다.

이런 시대에 데카르트가 물질육체과 정신을 분리함으로써 과학자들의 숨통을 트이게 해 주었다. 과학은 물질의 영역으로, 종교는 정신의 영역으로 분리되어 서로가 견제하고 싸울 필요가 없게 된 것이다.

덕분에 과학자들은 화형의 공포에 시달리지 않으면서 마음껏 연구할 수 있게 되었다. 정신과 분리된 인간의 육체는 물체이므로 마치 기계처럼 연구해도 교회와 부딪힐 일이 없게 된 것이다. 육체와 정신을 분리하는 데카르트의 철학이 바로 근대를 탄생시킨 기계론적 세계관이다. 오늘날의 세상은 데카르트가 마련한 설정 덕분에 탄생했고, 아직도 그 설정 속에 살고 있다. 한마디로 근대도 과학도 데카르트가 마련한 철학적 기초 위에서 시작되었다고 할 수 있다.

동물은 기계다

인간의 수명을 늘려 준 의학과 약학은 인간의 육체를 자유롭게 탐구한 결과로 얻어진 것이다. 이러한 문명의 이기도 결국은 데카르트가 제안한 기계론적 세계관을 바탕으로 생겨난 것이다.

데카르트의 기계론적 세계관에 따르면 자연은 죽어 있는 것이다. 자연에는 이성 즉 정신이 없기 때문이다. 영혼 없는 기계라고 할 수 있는 자연은 인간의 이익을 위해 얼마든지 사용할 수 있는 자원일 뿐이다. 자연은 영혼이 없는 물질이므로 마음껏 이용해도 된다는 데카르트식 세계관은 산업혁명과 근대 과학의 기초가 되었다.

기계론적 세계관이 없었다면 우리 인간의 문명이 발전할 수 있었을까? 만약 어떤 숲에 신령이 깃들여 있다고 굳게 믿는다면 그 숲을 갈아엎고 도로를 건설할 수 있을까? 더 많은 자원을 얻기 위해서는 자연환경을 단순한 도구로 여기고 이용할 필요가 있다. 데카르트에서 시작된 과학적 접근은 이러한 필요성을 정당화해 주었다. 나무를 베고 동물을 죽이는 행동에 대해 연필심을 부러뜨리는 것처럼 죄책감을 느낄 필요가 없게 되었다.

마찬가지로 쥐도 이성과 영혼을 가진 존재라고 생각했다면 실험용으로 사용할 수 있었을까? 데카르트는 사람의 육체와 마찬가지로 동물도 기계라고 생각했다. 다만 사람은 영혼과 육체가 뇌에 있는 송파선에 의해 상호작용하는 존재인 반면, 동물은 오직 물리 법칙에만 지배되며 의식이 존재하지 않는 자동 기계나 마찬가지라고 보았다. 동물은 고통을 느끼지 못하기에 동물을 대상으로 의학 실험을 할 때 마취할 필요도 없다고 생각했다. 만약 소나 닭을 의식 있는 존재라고 생각한다면 오늘날과 같은 공장식 밀집 사육은 생각하기 어려웠을 것이다. 고기를 먹는 즐거움이나 식량 문제를 충족시키기도 어려웠을 것이다.

우리나라는 신체발부수지부모身體髮膚受之父母라고 해서 신체를 마치 영혼이 깃든 것으로 생각했다. 조선 시대에만 해도 사약을 내리는 것이 최고로 명예로운 사형 집행이었다. 신체를 훼손하지 않고 죽을 수 있기 때문이다. 사극 드라마를 보면 의원이 중전을 진료할 때 감히

손목을 잡지 못하고 실로 연결해서 문밖에서 진맥하는 장면이 가끔 나온다. 아무리 용한 의원이라도 이렇게 해서는 환자의 상태를 제대로 파악할 수 없지 않은가. 반면 서양은 마치 컴퓨터라도 들여다보듯 인체를 탐구하고 연구하니 의학이 발달할 수밖에 없었다. 사체를 실습용으로 의과 대학에 기부한 것, 사체를 연구해서 의학의 발달을 도모한 것도 데카르트의 기계론적 세계관의 소산이다.

동물에게도 영혼이 있다

근대화의 초석이 된 기계론적 세계관에 빛만 있는 것은 아니다. 오늘날 생태주의 환경론자들은 데카르트의 철학에서 자연을 파괴하고 동물을 학대하는 행위가 비롯되었다고 주장한다. 이들은 근대화를 추진하는 사람들이 말하는 합리성과 효율성은 착취를 미화한 것이며, 이런 사고방식에는 성찰이나 죄책감이 있을 만한 자리가 없다고 말한다. 오직 수익만 생각하며 산림을 파괴하니 환경오염이 우리를 위협하고, 동물을 먹거리로만 생각하니 동물을 학대하게 된다는 것이다. 즉, 자연은 죽은 물체라고 간주하는 기계론적 세계관이 오늘날과 같은 지구와 인류의 위기를 불러왔다는 주장이다.

근대적 사고방식은 동물의 가치를 쓸모와 수익성으로 판단한다.

반면에 생태론자들은 동물에게도 권리가 있으며, 동물은 쓸모와 수익성과는 상관없이 그 존재 자체로 소중하다고 말한다. 인간을 두고 쓸모를 따지지 않고 그 존재 자체로 존엄하게 여기듯이 동물도 똑같이 여겨야 한다는 것이다.

공리주의 철학자 피터 싱어도 동물권을 주장하면서 인간의 사소한 이익 때문에 동물에게 가혹한 고통을 주는 것은 부도덕하므로 금지해야 한다고 주장했다. 예를 들어 인간의 즐거움을 위해 아쿠아리움의 돌고래나 서커스단의 코끼리를 가혹하게 훈련하고 학대하는 것은 부도덕하다고 본 것이다. 피터 싱어는 동물은 기계와 같이 고통을 느끼지 못한다고 한 데카르트와 달리, 돼지와 소 같은 고등 동물은 사람과 똑같이 고통을 느낀다고 주장했다.

현대의 의무주의 철학자 톰 리건도 동물에게는 영혼이 없다는 데카르트의 주장에 정면으로 반박한다. 리건에 따르면 동물들도 엄연히 감정과 기억이 있고 의식을 한다고 한다. 따라서 동물도 인간과 마찬가지로 삶을 주체적으로 살 수 있는 내재적 가치를 지닌 존재라고 주장한다. 내재적 권리를 갖고 있다는 것은 도덕적 권리를 갖고 있다는 말과 같다. 따라서 동물을 먹거리로 삼거나 오락 수단으로 취급해서는 안 된다는 것이다. 이런 주장을 한 톰 리건은 물론 채식주의자였다.

동물도 권리가 있다고 주장하는 공리주의와 의무주의 철학자들은 밀집 사육을 하는 공장식 축산과 동물 실험을 반대한다. 또 인권이 더 강화되는 만큼 '동물권'에도 관심을 기울여야 한다고 주장한다.

사고력을 높이는 끝장 토론 💬

1. 여러분이 만약 고도의 기능을 가진 인공지능으로서 인간을 마음대로 조종할 수 있다면 인간이 어떤 삶을 살도록 조종하고 싶나요?

2. 인간의 생명을 구하기 위한 목적으로 실험용 동물을 희생시키는 것은 도덕적으로 정당할까요?

잠꾸러기 철학자, 데카르트

데카르트는 잠이 많은 소년이었다. 게으르다기보다는 선천적으로 허약했기 때문이다. 그는 태어난 지 일 년이 갓 지나서 어머니를 잃었고, 열 살쯤 되어 예수회 계열 학교에 입학했다. 그런데 몸이 약해서 늘 늦잠을 자고 지각하기 일쑤였다. 그런데도 공부는 잘했고, 특히 수학에는 천재적인 실력을 보였다. 그의 재능을 알아본 교장은 데카르트만큼은 지각을 해도 좋다고 허락할 정도였다.

데카르트의 위대한 발견과 생각은 주로 이불 속이나 난로 옆에서 시작되었다. 침대에 누워 있다가 천장에 있는 파리를 보고 그 위치를 두 개의 숫자로 나타내는 좌표의 개념을 발견했다. 그런 그에게 위기가 찾아왔다. 스웨덴의 크리스티나 여왕이 데카르트에게 가르침을 요청한 것이다. 데카르트는 거절했으나 여왕은 간청했고, 급기야 그를 불러들이기 위해 군함을 보냈다. 난로와 이불을 끼고 살았던 데카르트는 졸지에 동토의 나라로 가게 되었다. 그런데 여왕이 워낙 바빠서 새벽 5시에만 대면할 수 있었다. 평생 늦잠을 잤던 데카르트는 북유럽의 추위 속에서 새벽 5시부터 일어나 여왕 앞에서 선생 노릇을 해야 했다. 결국 이것이 독이 되어 폐렴에 걸렸고, 이 위대한 철학자는 그만 세상을 떠나고 말았다.

'소확행'은 무의미한 것일까?

《참회록》 레프 톨스토이

《참회록》은 번역본이 150쪽 정도의 얇은 책이지만 러시아의 작가 레프 톨스토이|Lev Tolstoi, 1828~1910의 수많은 저작 중에서 가장 위대하고 중요한 작품이다. 아우렐리우스 아우구스티누스의 《고백》, 루소의 《참회록》과 함께 동서고금을 대표하는 자기 고백서로 꼽힌다. 성경처럼 머리맡에 두었다가 아무 쪽이나 펼쳐 읽어도 주옥같은 성찰과 깨달음의 문장을 만날 수 있다.

《참회록》에는 유명한 동양의 우화가 나온다. 한 나그네가 굶주린 사자에게 쫓겨 달아나던 중 바닥이 마른 오래된 우물 속으로 들어갔다. 그런데 그 우물 바닥에는 나그네를 잡아먹으려고 입을 크게 벌린 뱀이 기다리고 있었다. 우물 밖에는 성난 사자가 그를 기다리고 있었다. 불쌍한 나그네는 궁여지책으로 우물 안 틈바구니에서 자란 작은 나뭇가지를 잡고 필사적으로 버텼다. 시간이 갈수록 힘이 빠졌고, 얼마 버티지 못하고 목숨을 잃을 것이 분명했다.

악착같이 버티고 있는데 더 끔찍한 상황이 펼쳐졌다. 매달려 있는 나뭇가지에 검은 쥐와 흰 쥐 두 마리가 붙어서 가지를 쓸고 있었다. 두 녀석 때문에 나뭇가지가 더 빨리 끊겨서 나그네는 꼼짝없이 뱀의 입속으로 떨어질 것 같았다. 나그네는 이제 죽음밖에 남지 않았다고 생각하며 무심코 주변을 둘러보았다. 나뭇잎에 붙어 있는 꿀이 눈에 들어왔다. 그는 조금도 망설이지 않고 혀로 꿀을 핥아먹었다.

꿀은 나그네에게 죽음에 대한 공포를 잠시나마 잊게 하며 인생의 기쁨을 안겨 주었다. 하지만 이 이야기를 통해 톨스토이는 어차피 죽음이라는 종착역이 있는 이상 꿈은 더 이상 자신을 기쁘게 해 주지 못한다고 고백했다. 살아생전 톨스토이 곁에는 사랑스러운 아내와 자식이 있었다. 그는 수백 명의 농노를 거느린 대지주인 한편, 문학적으로도 누구도 따를 수 없는 명성을 누렸다. 톨스토이는 《참회록》을 통해 자신을 깨물려는 독사가 기다리고 있는 것을 알면서도 쾌락을 추구하고 도박을 하며 목숨을 건 결투도 불사했던 과거를 반성했다. 또 그동안 이룬 문학적 성과 또한 죽음과 함께 사라질 것을 알면서도 애써 이 사실을 외면하고 문학만이 인생의 가치 있는 일이라고 자신을 속이고 설득했던 과거를 후회했다. 말년의 톨스토이에게 문학이란 그저 인생의 장식품에 지나지 않으며 고통스러운 것으로 바뀌고 말았다.

인생의 공허함을 다루는 방법

톨스토이는 결국 솔로몬의 말에 공감한다. 세상의 모든 것들, 즉 영리함과 어리석음, 부와 빈곤, 기쁨과 슬픔이 죽음 앞에서는 공허하고 쓸모없는 것이라는 말 말이다. 철학과 과학 등을 통해 죽음을 대하는 방법을 탐구한 톨스토이는 마침내 지식으로는 도저히 답을 구할 수 없다고 단정한다. 그래서 주변 사람들, 특히 자신과 신분이 같은 귀족들은 죽음에 대해 어떻게 생각하며 삶을 살아가는지 관찰했다.

귀족들을 지켜본 결과 네 가지 부류가 있었다. 첫째는 죽음에 대한 무지로 일관하는 사람들이다. 이들은 자신의 목숨을 위협하는 사자나 독사, 쥐들의 존재 자체를 모른다. 죽음에 대한 대비도 없이 그저 꿀물만 열심히 빨아먹는다. 이 부류는 주로 젊은 사람들이다. 둘째는 쾌락을 탐닉하는 사람들이다. 이들은 인생의 끝에서 기다리는 죽음의 존재를 인식한 채 현생의 쾌락을 즐긴다. 독사나 쥐를 애써 외면하고 당장 눈앞에 있는 꿀물을 즐기자는 생각으로 살아간다. 셋째는 타고난 강인함으로 죽음과 정면으로 맞서는 사람들이다. 인생의 모든 것이 공허하다는 것을 알게 된 순간 이들은 스스로 목숨을 끊는다. 톨스토이도 한때 이 부류에 속했고, 자살에 대한 충동을 자주 느꼈다. 자신이 자살할까 봐 두려워서 자살에 사용할 수 있는 주변의 끈을 모두 치웠고, 총을 들고 나가는 사냥도 삼갔다. 마지막 부류는 소심한 유형으로, 삶에서 추구하는 즐거움이 어리석은 것임을 알지만 일상생활을 영위하면서 심지어 책을 쓰기도 한다.

네 가지 부류 중 톨스토이가 걷고 싶은 길은 없었다. 부유한 자들은 쾌락과 부의 축적에 몰두했고 종교인조차 위선적이었다. 톨스토이는 쾌락을 추구하지도, 자살을 하지도 않았다. 태연하게 일상을 영위하지도 않았다. 귀족에게서 인생의 공허함을 다루는 해답을 찾지 못한 그는 러시아의 다수를 차지하는 무지하고 가난한 민중에게 시선을 돌렸다. 민중이야말로 그에게 명쾌한 해답을 보여 주었다.

민중의 생활은 쾌락보다 가난과 고뇌에 쏠려 있으니 그들을 쾌락주의자라고 부를 수는 없었다. 민중의 생활에는 죽음도 스며 있으니 그들이 죽음을 모른 채 무의미한 삶을 산다고 할 수도 없었다. 또한 민중은 자살을 금기시하니 삶의 공허함에 자살로 맞서는 것도 아니었다. 민중은 묵묵히 생활하고 고뇌하며 죽음에 접근한다. 귀족들이 극도의 공포에 시달리며 죽어 가는 반면 민중은 평온하게 죽어 간다.

톨스토이는 부유한 성직자가 아니라 가난하고 무지한 이들, 특히 신앙이 있는 순례자나 농부를 관찰하며 생존의 의미를 찾았다. 그들이야말로 슬기롭게 죽음에 대비하고 충실한 신앙 생활을 하고 있다고 생각했다.

문학도 예술도 쾌락의 도구일 뿐

톨스토이는 죽음 앞에서 우리가 평생 추구한 명예, 부, 쾌락은 무의미하다고 생각했다. 그는 젊은 시절 쾌락과 도박에 탐닉했다. 그러나 돈을 쓰는 데는 인색했다. 50대에 이르러 이런 과거를 참회하며 부와 쾌락을 포기하고 농부들과 어우러져 살기를 원했다. 그렇다면 톨스토이의 말처럼 죽음이라는 결말이 있는 한 인간이 세속의 꿀물을 빨아먹는 것은 바람직하지 못한 것일까?

톨스토이는 귀족으로 태어나 귀족의 삶을 살았다. 그가 말한 꿀물은 귀족 계급만이 맛볼 수 있는 향락이었을 가능성이 크다. 평범한 소시민들이 일상에서 누리는 '소확행_{소소하지만 확실한 행복}'도 어떻게 생각하면 톨스토이가 경계한 쾌락의 일종이다. 대부분의 사람에게 소확행은 주로 물질적인 것과 관련되어 있기 때문이다. 맛집에서 저녁을 먹는다거나 춤 수업을 받는 것, 취미로 하는 레고 수집 등을 떠올려 보자. 이 모든 것은 물질적 행복에 가깝다.《참회록》을 쓴 이후 손수 짚신을 만들어 신고 농노들의 집을 수리해 줬으며, 사유재산까지 농노들에게 나눠 주려 했던 톨스토이가 오늘의 소확행을 본다면 그리 달가워하지는 않을 것 같다.

톨스토이는 그 자신이 온 젊음을 바쳤던 문학과 예술마저도 죽음 앞에서는 결국 기만에 불과하다고 결론 내렸다. 글도 예술도 단지 인생의 장식품이며 쾌락의 도구일 뿐이라고 생각했다. 그러나 오늘날 우리가 기억하는 톨스토이는《전쟁과 평화》,《안나 카레니나》등 명작을 남긴 작가이지, 농노와 함께 풀을 베고 손수 집을 수리하는 사람이 아니다. 그리고 이 작품들은 톨스토이가 잘못 산 시절이라고 말한 30, 40대에 걸쳐서 집필한 것이다. 톨스토이가 생각한 것처럼 예술은 죽음 앞에서 완전히 전멸하는 게 아니다. 죽음 이후에도 빛나는 게 예술이다.

소확행을 누리는 인생

음식에서도 쾌락을 찾지 않았던 톨스토이는 채식주의였다. 그러나 모든 것은 정도의 문제가 아닐까? 단맛, 짠맛, 고소한 맛 등이 주는 음식의 쾌락을 누리되 그 쾌락에 너무 빠져들지만 않으면 되지 않을까?

어느 노인은 10년 가까이 식물인간으로 지내는 아내를 돌보고 있는데, 그분의 유일한 낙은 아내가 잠든 저녁 시간, 칼국수에 막걸리를 마시는 것이라고 한다. 하루하루가 고단하고 아내도 자신도 죽음을 목전에 두고 있지만, 한 그릇의 따뜻한 칼국수와 막걸리 한 잔을 앞에 두면 그 순간만큼은 세상 그 누구도 부럽지 않다고 한다.

그 노인의 막걸리 한 잔을 톨스토이가 말하는 '꿀물'이라고 할 수 있을까? 아내와 함께 병원에서 살다시피 하는 노인은 쾌락을 비롯한 일상의 즐거움을 거의 누리지 않는다. 톨스토이가 지향했던 고단한 순례자의 모습과 별반 다르지 않다. 노인이 고단한 하루를 마치고 먹는 칼국수와 막걸리는 순례자의 길을 걸어가게 하는 작은 원동력이 아닐까? 톨스토이가 이 노인의 소확행을 두고 무의미한 것이라고 깎

아내릴 수 있을까?

'욜로YOLO, You Only Live Once'처럼 지금 이 순간의 행복이나 소확행을 추구하는 삶은 톨스토이의 관점에서 공허하게 보일지 모른다. 그런데 역설적이게도 욜로나 소확행은 낮은 취업률과 집값 상승 등으로 미래가 불안한 청년들이 적은 비용으로 손쉽게 행복을 얻겠다는 태도에서 비롯된 것이다. 지나치지만 않는다면 소확행은 공허한 쾌락 추구도, 의미 없는 트렌드도 아니다. 어쩌면 톨스토이가 추구했던 소박한 삶을 위한 원동력이 될 수도 있지 않을까?

사고력을 높이는 끝장 토론 💬

1. 톨스토이의 나그네 이야기에 등장하는 검은 쥐와 흰 쥐는 무엇을 상징할까요?

2. 삶이 공허하고 무의미하다는 이유로 자살한 사람이 있다면 그는 자살을 감행한 용기 있는 사람일까요, 아니면 삶에 대한 의지가 부족하고 나약한 사람일까요?

톨스토이와
아내의 다툼

톨스토이는 30대 중반에 열여덟 살의 소피아 안드레예브나와 결혼했다. 그는 결혼 전에 저지른 수많은 방탕한 일을 일기장에 적어 놓았는데 아내에게 그 내용을 보여 주었다. 부부가 된 이상 자신의 과거를 아내도 알아야 한다고 생각한 것이다. 톨스토이는 결혼 전에 농노의 아내와 불륜을 저질러 사생아를 두고 있었는데, 그 사실도 일기장에 고스란히 적혀 있었다.

소피아와 톨스토이는 결혼 생활 48년 동안 문자 그대로 검은 머리가 파뿌리 될 때까지 다퉜다. 결혼 이후 톨스토이에게는 '대출간'의 시대였고, 소피아에게는 '대출산'의 시대였다. 톨스토이의 위대한 저작은 대부분 결혼 생활 동안 탄생한 것이고, 소피아는 무려 13명의 자녀를 출산했다.

소소한 일로 끊임없이 대치하던 부부의 다툼은 톨스토이가 《참회록》을 집필한 이후 극에 치달았다. 그가 전 재산을 농노에게 나눠 주고 저서에 대한 저작권도 사회에 환원하겠다는 의지를 보였기 때문이다. 그는 재산을 죄악으로 본 반면, 소피아는 가족의 생활을 위해서 재산을 지키려 했다. 톨스토이가 위대한 저작을 남길 수 있었던 것은 따지고 보면 아내의 헌신 덕분이었다. 소피아가 그의 원고 정리를 돕고 가정사를 모두 원만하게 처리했으니 톨스토이가 집필에 전념할 수 있었던 것이다.

결혼, 반드시 해야만 할까?

《맹자》 맹자

《맹자》는 맹자孟子, 기원전 372~기원전 289가 직접 쓴 책이 아니라 제자들이 평소 맹자가 한 말을 모아 엮은 것이다. 〈양혜왕〉, 〈공손추〉 등 7편으로 구성되어 있으며, 각 편에 등장하는 인물이 해당 편의 제목이다. 이 책의 기초를 이루는 철학은, 인간은 기본적으로 착한 본성을 타고났으므로 교육을 통해 얼마든지 좋은 길로 이끌 수 있다는 것이다. 책 곳곳에는 어떤 상황에서든 상대를 논리적으로 설득할 수 있는 수사와 비교가 넘친다.

맹자는 '상남자'다운 면모를 보여 주는 일화가 있다. 군주가 천하의 주인처럼 모든 것을 마음대로 할 수 있었던 시대에 제나라 선왕이 은나라 주왕의 죽음을 두고 맹자에게 질문을 했다. 주왕이 아무리 폭군이라 한들 신하가 군주를 죽이는 것이 옳은 일이냐는 것이었다. 맹자는 한 명의 필부를 죽였다는 이야기는 들었지만, 임금을 죽였다는 말은 듣지 못했다고 대답했다. 그 말인즉, 인仁과 의義를 지키지 않는 폭군은 군주가 아닌 평범한 사내에 지나지 않으니 죽여도 된다는 뜻이었다. 멀리 갈 것도 없이 우리나라 조선 시대에도 후계자를 함부로 운운했다가는 역적으로 몰려 패가망신하기 십상이었다. 그런데 군주들이 천하의 패권을 차지하기 위해 살벌한 투쟁을 하던 시대에 군주 앞에서 그런 말을 했다니! 듣고도 믿지 못할 놀라운 일이다.

제구실을 못하는 군주는 언제든지 백성들이 갈아치울 수 있다는 역성혁명易姓革命 사상은 그 당시로서는 매우 혁명적이고 과격한 생각이었다. 맹자는 국민이 가장 중요하며 나라가 그다음이고 임금이 가장 가볍다고 주장했다. 오늘날의 기준으로도 매우 진보적인 생각을 이미 2,300년 전에 한 것이다.

《맹자》의 맨 앞을 장식하는 〈양혜왕〉 편을 보면 거침없는 맹자의 면모가 더욱 도드라진다. 양혜왕은 맹자에게 나라의 발전을 위한 조언을 듣기 위해서 거금을 들여 맹자와 그 제자를 초청했다. 오직 맹자를 초청하기 위해서 귀한 수레를 수십 대나 동원했다고 한다. 어렵게 초청한 만큼 양혜왕은 오매불망 맹자를 기다렸고, 맹자가 도착하자 다급히 물었다. 어떻게 하면 나라의 이익을 얻을 수 있겠느냐는 물음이었다. 그러나 맹자는 대뜸 당신은 어째서 이익만 챙기려 하느냐고 힐난했다. 그러면서 나라에는 오직 인仁과 의義만 있다고 말했다. 맹자는 군주가 이익만 추구하면 그 밑의 신하와 백성 들도 군주를 따라서 똑같이 행동하며, 그런 나라는 결국 망하기 마련이라고 생각했다.

맹자의 결혼관

맹자가 오늘날의 사람이라면 결혼에 대해 어떻게 생각할까? 이익보다 의와 인을 중요하게 여기는 만큼 물질적인 조건보다 사랑으로 맺어진 결혼을 더 값지다고 할 것이다. 맹자의 사상에 따르면 자신의 이익을 우선시한 결혼 생활은 그 이익을 얻지 못하게 되면 파탄에 이르지만, 사랑을 우선시한 결혼 생활은 어떤 곤경에 처하더라도 끝까지 유지할 가능성이 높다.

결혼에는 모름지기 사랑이 선행되어야 한다고 믿는 사람들은 사랑 없는 결혼을 애플리케이션이 없는 스마트폰에 비유한다. 결혼 생활이라는 스마트폰이 있더라도 애플리케이션이라는 사랑이 없다면 그 결혼은 제 기능을 발휘할 수 없을 것이다. 또 그들은 조건만 앞세운 결혼은 동물들의 짝짓기나 다름없으며 인간의 존엄성을 스스로 훼손하는 것이라고 말한다. 부부간이든 부모 자식 간이든 가족이란 모름지기 사랑으로 맺어져야 정서적 교감이 잘 이루어지며, 그 속에서 세상을 살아가는 힘을 얻게 마련이다. 실제로 학교에서 아무리 힘든 일을 겪더라도 가족들과 교감을 잘 나누는 청소년들은 그 시련을 쉽게 이겨 내곤 한다.

요즘은 갈수록 결혼 연령이 높아지고 있는데, 여러 이유가 있겠지만 부족한 결혼 자금이나 불안정한 직장 생활 등이 꼽힌다. 즉 경제적인 준비가 아직 안 되었기 때문이란 것이다. 이런 세태에 대해 기성세대들은 모든 준비를 마친 다음 결혼하려고 하면 평생 하지 못할 것이라고 쉽게 말한다. 그러면서 단칸방에서부터 시작한 자신들의 결혼 생활에 대해 늘어놓기도 한다.

물론 기성세대와 신세대의 결혼관이 다른 것은 각자 처한 환경이 다른 것에도 원인이 있다. 경제 수준이 전체적으로 낮았던 과거에는 단칸방 살림에 대한 거부감이 비교적 덜했다. 또 고도 경제 성장기에는 요즘처럼 취업이 어렵지 않았고, 비정규직 비율도 훨씬 적었다. 예를 들어 1990년대 중반까지만 해도 비정규 교사는 출산이나 병가로 정규 교사 자리가 비었을 때만 채용했고, 비정규로 채용했다가 나중에 정규 교사 자리에 앉히는 경우도 많았다. 그때는 학교뿐만 아니라 여러 다른 직종에서도 계약직이라는 말 자체가 생소했다.

그러나 지금은 다르다. 정부 산하기관에만 해도 계약직이 수두룩하다. 기간제 교사의 비율이 30퍼센트에 육박하는 학교도 있다. 과거처럼 자신의 인생을 장기적인 안목으로 설계하는 것이 매우 어려운 세상이 되었다. 당장 내년에 일자리를 잃을지도 모르는 계약 직원이 가정을 부양하겠다고 나서기가 쉽지 않다. 맹자가 오늘날의 이러한 시대 상황을 알 리가 없으니 그의 사상에 기초한 결혼관을 오늘에 적용하는 것은 무리일 수 있다.

결혼율이 낮아지는 현실

결혼에 있어서 조건이란 흔히 상대의 학력, 직업, 재력, 집안을 비롯해 결혼 생활을 원활하게 유지할 수 있는 여러 여건을 말한다. 조건을 갖추자니 결혼을 못 하고, 조건을 다 갖추고 나면 결혼하기엔 너무 늦은 나이가 되어 버리는 것이 지금의 현실이다.

정부의 갖은 노력에도 우리나라의 결혼율과 출산율은 갈수록 떨어지고 있다. 낮은 출산율의 이유 중 하나로 자녀 양육비와 교육비에 대한 부담이 꼽힌다. 결혼할 때부터 자식을 낳지 않기로 약속하는 부부도 적지 않다. 자녀 양육 및 교육에 들어가는 돈과 시간으로 차라리 자신들의 삶을 알차게 보내는 게 낫다는 생각이다.

현재 50대 이상 되는 부모들은 대부분 유교적이고 전통적인 가치관을 갖고 있고, 그들의 자식들은 자율적이고 독립적인 사회에서 가치관이 형성된 세대다. 현재 기성세대와 결혼 적령기의 세대는 서로 다른 가치관을 지닌 이질적인 집단이라는 말이다. 그래서 어른들은 미혼 자녀에게 결혼을 재촉하고, 결혼한 자녀에게는 출산을 독촉한다. 그러다 급기야 "나 때는 말이야."라며 훈계를 시작한다.

사실 경제적 조건이나 여건을 꼼꼼히 따지며 결혼을 미룬다고 해서 맹자가 경계하는 '이익'만 추구하는 거라고 단언하기는 어렵다. 요즘 젊은이들에게 결혼에 관해서 물어보면 조건보다 사랑이 중요하다고 말하는 비율이 훨씬 높다. 원하는 배우자상을 이야기할 때도 가장 윗길에 올리는 것이 '성격'이다. 그리고 청소년들에게 '가족'이라는 단어에서 연상되는 감정을 말해 보라고 했더니 남녀 상관없이 대부분 '서로 사랑하는 사람들'이라고 대답했다.

소득이 높을수록 행복할까?

그렇다면 물질적인 조건을 뒤로하고 사랑을 우선시해서 결혼한다면 그 어떤 경제적 난관도 극복할 수 있을까? 2014년 한국노동연구원이 4004쌍의 부부를 분석한 보고서에 따르면, 남편의 소득이 높을수록 이혼율이 낮았다. 남편의 월 소득이 300만 원이 넘는 가정은 남편의 소득이 전혀 없는 가정에 비해 이혼율이 3분의 1로 낮았다. 놀랍게도 남편의 월 소득이 1,000만 원이 넘는 가정은 이혼율이 0퍼센트에 가까웠다.

이 보고서를 보면 소득이 높을수록 이혼율이 낮고, 소득이 낮을수록 이혼율이 높다고 생각할 수 있다. 그렇다고 모든 부부들의 이혼 사유가 낮은 소득 수준 때문이라고 할 수는 없다. 그러나 사랑을 우선시한다면 경제적 난관도 이겨 낼 수 있다는, 맹자의 사상에 기초한 명제가 반드시 옳은 것만은 아니라고 생각할 수 있다.

현실을 보면 물질적인 조건을 중요시하는 결혼에 대해 비난할 수만은 없게 되었다. 어느 정도의 소득 수준이 되지 않으면 몸이 아파도 치료를 받을 수 없고, 하고 싶은 공부도 할 수 없으며, 자칫하면 매우 가혹한 환경에 내몰릴 수 있다. 마찬가지로 오직 사랑만 보고 결혼한다고 해서 어리석다고 비웃을 수도 없다. 2016년 강은태 교수는 〈지역의 소득과 주관적 삶의 만족도 관계 분석〉이라는 논문에서 한국인은 연간 소득 약 8,800만 원이 되면 행복감의 절정에 이른다고 밝혔다. 다만 이 소득은 1인 가구 기준이며, 4인 가구라면 1억 7,600만 원은 되어야 최고의 행복감을 느낀다고 한다. 이 논문은 일정 수준 이상부터는 돈과 행복감이 비례하지 않는다는 것을 말해 준다. 하지만 4인 가구 기준 1억 7,600만 원까지는 소득이 높을수록 행복감이 높아진다는 것도 의미 있는 사실이다.

결국 사랑과 결혼 생활에 있어서 정답은 없다고 할 수 있다. 무엇이든 개인의 성향에 따라 선택하게 마련이며, 행복한 가정도 개인의 노력에 달려 있다고 할 것이다.

사고력을 높이는 끝장 토론 💬

1. 결혼 상대를 정할 때 상대방의 부모와 집안 환경도 고려해야 할까요?

2. 학급의 반장이 모범적이지 않고 반장으로서 책임을 다하지 못한다면 학기 중이라도 반장을 그만두게 해야 할까요?

정도전에게
《맹자》를 권한 정몽주

정도전은 고려 후기의 문인으로, 태조 이성계를 도와 조선을 건국한 혁명가다. 정도전은 백성의 이익을 우선하는 민본주의와 역성혁명 사상에 따라 부패한 고려 왕조를 무너뜨리는 데 앞장섰다. 그런 정도전에게 민본주의 사상을 전파한 사람은 역설적이게도 고려 왕조의 절대적 충신으로 알려진 정몽주다. 정몽주는 고려를 개혁해야 한다는 생각에는 찬성했지만 고려 왕조를 몰아내고 새로운 나라를 세우려는 급진 세력에는 반대한 인물이었다. 그는 정도전에게 역성혁명과 민본주의를 주장하는 《맹자》를 읽어 보라고 권했다. 정도전은 《맹자》를 읽고 또 읽으며 그 철학을 현실 정치에 어떻게 반영할지 고민했다. 조선의 통치 이념을 마련한 그의 사상은 결국 정몽주에게서 전수받은 것이다.

　하지만 정몽주가 새로운 나라를 세우는 역성혁명에 반대하면서 둘은 등을 돌리게 됐다. 정몽주 역시 민본주의자였으나 절개와 의리를 중시하는 성리학적 명분에 따라 끝까지 고려 왕조를 지키려 했고, 개혁을 하되 고려 왕조 내에서 하려고 했다. 결국 정몽주는 조선 건국의 야심을 품은 이들에게 살해당했다.

4장

생존과 환경

노년, 외롭고 고단하기만 할까?

《노년에 관하여》 마르쿠스 키케로

《노년에 관하여》는 마르쿠스 키케로Marcus Cicero, 기원전 106~기원전 43가 절친인 헤로데스 아티쿠스에게 노년에 대한 걱정을 덜어 주기 위해서 바친 책이다. 이 책에서는 30대 중반의 가이우스 라일리우스와 스키피오 아프리카누스가 84세의 정치가 마르쿠스 포르키우스 카토를 찾아간다. 카토는 노년의 삶이 어떻게 짐이 되지 않느냐는 그들의 물음에 답한다. 《노년에 관하여》는 키케로가 생을 마치기 1, 2년 전쯤에 집필을 마친 책이다.

청소년들에게 노년에 관한 책을 권하다니 좀 의아한 생각이 들지도 모르겠다. 아무리 생각이 많고 고민이 많은 청소년이라고 해도 벌써부터 노년을 걱정하지는 않을 것이다. 심지어 이 책에서 노년에 대해 걱정하지 않는 방법을 묻는 사람들도 30대 중반이다. 그런데도《노년에 관하여》를 권하는 이유가 몇 가지 있다.

우선 이 책은 고대 로마에서 가장 뛰어난 변론가이자 웅변가인 키케로의 위엄을 유감없이 감상할 수 있는 책이다. 키케로는 일상의 예를 들어 가면서 쉬운 말로 이야기하며, 설명이 논리정연해서 설득력이 뛰어나다. 내용과 상관없이 좋은 논술 교재가 될 것이다.

어쩌면 이런 반문을 할지도 모르겠다. 84세의 카토는 위대한 장군이자 귀족이니 노년의 삶이 편안한 것이 아니겠느냐고 말이다. 실제로 책 속에서도 그런 이의가 제기된다. 명망 있고 부유한 노인과 폐지를 줍고 살아가는 노인 중에 과연 어느 쪽의 삶이 행복할까? 이에 대해 카토는 빈곤이 노년을 힘들게 할 수는 있지만, 그렇다고 부유함이 행복한 노년을 보장해 주는 것은 아니라고 설명한다. 즉 노년의 즐거움은 빈부에 따라 좌우되는 것이 아니라는 말이다. 키케로는 이러한 견해를 카토의 입을 빌려 쉽고 간결하며 논리정연한 문장으로 설명한다.

노년을 소박한 소풍쯤으로 생각하는 카토는 즐거운 노년은 아무에게나 주어지는 것이 아니라고 말한다. 어린 시절부터 착실하게 준비한 사람만이 카토가 말하는 노년의 즐거움을 누릴 수 있다. 예를 들어 젊은 시절 체력과 건강을 잘 관리해야 활기찬 삶을 살 수 있지 않은가. 그런 면에서 이 책은 청소년들이 올바른 생활 습관을 기르고 미래 설계를 하는 데 큰 도움이 될 것이다. 사람에 따라서 20대가 노년의 삶을 살 수도 있고, 70대가 20대처럼 살아갈 수도 있다. 이 책을 읽다 보면 행복한 인생을 위해 청소년기에 갖춰야 할 삶의 자세를 배울 수 있을 것이다.

노년의 삶이 괴로운 이유

노년의 삶이 괴로운 이유는 키케로가 살았던 2,000년 전이나 지금이나 별다를 게 없다.

우선 노년이 되면 사회적 활동의 기회가 줄어든다. 한창 바쁜 젊은이들 입장에서는 한가롭게 쉬는 삶이 행복해 보이기도 하겠지만 실상은 다르다. 예를 들어 직장 내에서 중요한 직책을 맡았던 사람이 한직으로 물러나면 소외감과 허탈감에 시달린다. 완전히 은퇴하고 사회활동을 하지 않으면 현직 때의 위엄이나 자존감을 상당 부분 잃기도 한다. 군대에서 수천 명의 군사를 호령했던 장군도 전역하면 이빨 빠진 맹수가 되어 평범한 할아버지로 살아간다. 사람의 위엄이나 분위기를 만드는 데 지위나 직책의 작용력이 그만큼 크다는 뜻이다. 필자가 아는 한 노인도 교육계에서 고위직을 역임했는데 동네에서 게이트볼을 하면서 소일을 한다. 이제 그분의 외모나 언행 어디에서도 고위 교육 관료를 지낸 흔적이라곤 찾아볼 수 없다.

둘째, 노년이 되면 체력이 약해진다. 이것만큼 노년의 괴로움을 뼈저리게 느끼게 해 주는 것도 없다. 육체적인 활동과 관련된 일을 하는 사람에게는 더욱 뼈아픈 괴로움이다. 타자로 활약하던 야구 선수는 어느 시점에 은퇴하는지 아는가? 투수의 공을 정타로 잘 맞혔고 직감적으로 홈런이라고 생각했는데 그 공이 담장 근처에서 수비수에게 잡혔을 때라고 한다. 몇 년 전만 하더라도 분명히 홈런이 될 타구였는데 속절없이 수비수에게 잡힌다는 것은 타자의 힘이 약해졌다는 뜻이다. 야구 선수로서 은퇴해야 할 때가 온 것이다. 그런데 이때 야구 선수의 나이는 많아 봐야 40대 중반이다.

40대도 이런데 70대에 느끼는 체력 저하는 더욱 심할 수밖에 없다. 젊은 시절에는 한달음에 올라갔던 계단도 노인이 되면 거대한 산처럼 느껴진다. 한 단씩 오를 때마다 숨을 길게 내쉬어야 하고, 자신의 체력을 온통 쏟아부어야만 간신히 오를 수 있다. 기껏 걸음을 내딛는 것마저 이렇게 힘겨운데 노년이 어찌 즐거울 수 있을까?

셋째, 노년은 우울감을 안겨 주기도 한다. 몸이 예전 같지 않다는 것을 알게 됐을 때 많은 사람은 우울감을 느낀다. 자신이 한 사람의 노인이 되어 간다는 사실을 쉽게 받아들이지 못한다. 이때부터는 그 어떤 욕구나 열정도 잘 끓어오르지 않으며, 어쩔 수 없이 체념한 채로 뚜벅뚜벅 노인의 삶으로 걸어 들어간다.

노년의 마지막 괴로움은 죽음을 코앞에 두고 있다는 사실이다. 청소년 입장에서 노년의 다른 괴로움들은 자신과 상관없는 먼 미래의 일이라고 치부하기 쉽지만 죽음만큼은 다르다. 죽음을 생각하면 상상할 수 없는 공포가 밀려온다고 고백하는 청소년들이 있다. 그 공포가 내일이나 모레 현실이 될지도 모르는 노인들은 얼마나 큰 공포에 시달릴까.

노년의 행복과 즐거움

키케로는 노인들이 노년을 짐이라고 말하는 것은 자신의 부덕과 실수를 떠넘기기 위한 것이라고 생각한다. 노년이라도 얼마든지 활기차고 생산적으로 살아갈 수 있는데 게으르고 무지한 사람들이 '늙어서'라는 핑계를 댄다는 설명이다. 평균 수명이 겨우 30세 정도였던 고대 그리스의 플라톤은 81세 나이로 죽을 때까지 저술 활동을 하고 제자를 지도했다. 철학자 고르기아스는 107세 나이로 생을 다하기까지 학구열로 가득 찼다.

얼마 전 필자가 공공 도서관에 강연하러 갔을 때의 일이다. 강연에 앞서 화장실에 들렀는데 한 노인이 손을 씻고 있었다. 노인은 한 걸음 한 걸음 간신히 걸음을 떼며 밖으로 나갔는데 부축이라도 해 드려야 하는 것은 아닌지 고민이 될 지경이었다. 잠시 후 강연장에 들어가 청중을 둘러보는데 방금 화장실에서 본 노인이 중간 자리에서 초롱초롱한 눈매로 나를 바라보고 있었다. 강연을 듣는다고 건강이 좋아지는 것도 아니고 답례품을 받는 것도 아니었다. 그 흔한 이수증이나 자격증을 받는 것도 아니었다. 그런데 그 노인은 강연을 듣기 위해서 3층 강연장까지 온 힘을 쥐어짜내 찾아온 것이었다. 나이를 핑계 대는 것은 키케로의 말처럼 자신의 게으름을 숨기기 위한 것에 지나지 않는다.

노인이 되면 활동을 못 한다는 주장에 대한 키케로의 반박을 살펴보자. 키케로는 체력이 필요한 활동은 노년이 되면 확실히 위축되는 것이 사실이라고 인정한다. 그러나 육체적인 활동력이 약해지더라도 정신적인 활동력은 노년이 되어도 약해지지 않는다고 말한다.

망망대해를 항해하는 배를 생각해 보자. 노인이라고 그 배 안에서 할 일이 없는 것이 아니다. 오히려 노인은 평생 쌓아 온 경험과 요령으로 키잡이 노릇을 하거나 선장으로서 항해를 지휘할 수 있다. 배 안에서 물을 퍼 내거나 돛대에 빨리 올라가 주변 상황을 살피는 일에 비해서 선장 역할이 덜 중요하다고 할 수는 없다.

한 국가의 흥망성쇠가 달린 전쟁터에서도 노인이 할 수 있는 일은 많다. 물론 칼을 휘두르고 창을 던지는 것은 어렵겠지만, 노련한 판단력으로 전쟁을 지휘하는 것은 일반적으로 노인이 아닌가. 또 노년이 되면 지적 능력을 발휘하는 저술 활동도 더욱 왕성하게 할 수 있다. '시대의 지성'이라 일컬어지는 언론인이자 전 문화부장관인 이어령도 89세 나이로 운명을 달리하기까지 글쓰기를 멈추지 않았다. 암에 걸려 항암 치료를 권유받았지만 치료도 거부한 채 죽음이 다가오는 순간순간을 온몸으로 받아들였다. 그리고 몸소 깨달은 죽음에 대한 성찰을 글로 남겨 생을 다하기 몇 달 전에 책으로 펴냈다. 이미 100세를 넘긴 철학자 김형석 또한 여전히 글을 발표하고 방송을 통해 철학을 이야기한다.

노년에 얻는 깨달음

그런데 사실 키케로의 주장은 반박의 여지가 있다. 그는 육체적인 활동과 정신적인 활동에 있어서 정신적인 활동을 우위에 두는 오류를 범했다. 더욱이 키케로는 노인이 되어서 건강하게 살기 위해서는 젊은 시절부터 건강 관리를 잘해야 한다고 주장하는데 이 주장과 정면으로 배치되기도 한다.

노인이 되면 체력이 약해진다는 주장에 대해서 키케로는 나이대별로 장점이 있다는 말로 반박한다. 키케로 자신도 폐에 문제가 생기는 등 체력이 약해져 웅변가로서 활동하지 못할 것을 걱정했지만 기우였다고 한다. 물론 젊은 시절처럼 우렁찬 목소리를 내지는 못했지만 낮고 부드러우면서 설득력 있는 노인의 목소리가 오히려 호소력 있게 들렸다고 한다. 노인이 되면 청년보다 웅변 실력이 떨어지는 것이 아니라 각 연령 대의 특징이 있다는 것이다. 그리고 키케로는 체력이 떨어지는 것은 나이 탓도 있겠지만 젊은 시절 쾌락을 좇고 방탕한 생활을 한 이유도 있다고 주장했다.

노년기는 욕망에서 해방되니 축복이라고 키케로는 말한다. 과연 욕구에 굴복해 인생을 망치는 사람들이 적지 않다. 노년이 되어 욕망에 집착하는 마음에서 헤어나게 되면 이 시기를 오히려 장점으로 받아들일 수 있을 것이다. 욕망 앞에서는 자제력이 약해지고 쾌락의 영역에서는 미덕이란 존재하지 않는다고 키케로는 믿었다.

노인에게는 대신 또 다른 낙이 있다. 바로 농사와 글쓰기다. 농사를 짓는 즐거움과 행복을 그 어떤 쾌락보다 앞에 두는 사람들이 많다. 수많은 은퇴자들이 조촐한 텃밭을 가꾸는 재미에 시간 가는 줄 모르고 살지 않는가.

죽음의 공포는 어떻게 다스릴까?

죽음이 코앞에 다가왔다는 현실에 대한 공포는 어떻게 다스려야 할까? 사람의 가장 기본적인 본성이 오래 살고 싶다는 것인데 과연 젊은이라고 죽음의 위험에서 자유로울까? 죽음 앞에 순서가 없다는 말은 누구도 부정할 수 없는 진실이다. 누구라도 언제 어디서 사고를 당해서 목숨을 잃을 수 있다. 키케로 자신도 자식을 먼저 보낸 사람이다. 죽음에 대한 공포는 노인의 전유물이 아니며 젊은이와 공유한다.

소크라테스는 사형 선고를 받고 슬퍼하지 않았다. 오히려 죽고 나면 헤시오도스, 호메로스와 같은 옛 현인들을 만날 수 있으니 기쁘다고 했다. 죽음을 앞둔 부모 앞에서 통곡하는 자식을 향해 너무 슬퍼하지 말라고 위로를 하는 일도 있다. 그 부모는 자식과의 이별은 슬프지만 먼저 간 자신의 부모를 만날 수 있어서 죽음이 아주 슬픈 일만은 아니라고 생각하기도 한다. 키케로도 죽어서 먼저 간 아들을 만날 수 있어서 즐겁다고 말했다. 죽음이란 마치 오랜 항해에 지친 배가 정박할 수 있는 육지를 발견한 것과 같다.

사고력을 높이는 끝장 토론 💬

1. 여러분이 은퇴한 노인이라면 무엇을 하며 여생을 보낼지 상상해 보세요.

2. 육체적인 건강과 정신적인 건강 중에서 하나를 선택해야 한다면 무엇을 더 얻고 싶은가요?

불행한 최후를 맞이한 키케로

키케로는 로마의 지성을 대표하는 인물로 웅변가이자 문인이며 정치가이기도 했다. 그러나 스스로는 철학자로 불리기를 원했다고 한다. 그는 부유한 기사 계급 집안에서 태어나 로마 귀족들에 버금가는 훌륭한 교육을 받았다. 탁월한 웅변술과 빼어난 문장력으로 큰 사건의 변호를 맡아 연달아 승소함으로써 로마 최고의 변호사가 되었다. 정계에 진출해서도 승승장구했다. 집정관을 비롯한 로마의 주요 공직에 법이 정한 최저 나이에 선출되었으며 정계에서 물러난 이후로는 저술 활동에 몰두했다. 그런데 이혼 후 자식을 잃는 아픔을 겪기도 했다.

키케로는 '인간다움'으로 정의되는 '인문학humanitas'의 개념을 처음 만든 것으로도 유명하다. 그의 명료하고 진솔한 라틴어 문장은 20세기에도 라틴어 학습의 교재로 애용된다. 행복한 노년에 대해 이야기하는 책을 썼지만 정작 그는 64세 나이에

정적에게 암살당해 생을 마감했다. 그 암살은 율리우스 카이사르의 후계자인 마르쿠스 안토니우스와 훗날 아우구스투스 황제가 되는 가이우스 옥타비아누스의 명령에 따른 것이었다. 역설적이게도 키케로에 대한 가장 위대하고 적절한 평가는 그를 살해한 아우구스투스 황제가 내렸다. 아우구스투스 황제는 손자가 키케로의 저서를 읽는 것을 보자 책을 들고 한참을 읽어준 다음 이렇게 말했다고 한다.

"키케로는 학문이 깊은 분이었다. 그뿐만 아니라 조국도 사랑하신 분이란다."

꼭 통섭형 인간이 되어야 할까?

《논어》 공자

《논어論語》는 공자孔子. 기원전 551~기원전 479가 직접 쓴 책이 아니다. 공자가 세상을 떠난 후 제자들이 각자 기록해 둔 공자에 관한 자료를 모아 편찬한 것이다. 주로 제자와 다른 사람들의 질문에 대한 공자의 답변, 제자들이 공자에게 들은 말, 제자들끼리의 대화가 담겨 있다. 제자들의 대화도 포함된 것으로 보아 공자의 제자의 제자들이 편찬했다고 볼 수 있다. 공자에 관한 언행이 기록된 책 중에서 《논어》가 가장 권위 있고 내용도 알차다.

배우고 때때로 익히면 이 또한 기쁘지 않은가?學而時習之不亦說乎, 학이시습지불역열호. 이 문장만큼 동양 사람들에게 실질적인 영향을 준 말도 드물다. 공자는 누구든 공부를 열심히 하면 역사에 길이 남을 인물이 된다고 가르쳤고, 본인 스스로 그 가르침이 옳다는 것을 증명했다.

공자는 미천한 신분으로 태어난 것도 모자라서 세 살 때 아버지를, 열일곱 살 때는 어머니를 여의었다. 의지할 곳 하나 없이 온갖 힘든 일, 궂은일을 해야 했다. 남의 장례나 혼례를 도왔고, 수레를 몰거나 나팔수 노릇도 했다. 공자는 외롭고 고단한 생활 중에도 공부에 매진했다. 스스로 즐겁게 공부한 덕분에 서른 살에 이르러 제자를 받고 대학자의 길을 걷기 시작했다.

유교 문화권에 있는 동양 국가의 사람들은 공부를 열심히 하면 누구든 이름을 남길 수 있다는 공자의 가르침을 가슴에 새기고 살았다. 우리나라의 산업화를 이끈 교육열도 그 기원을 따지고 올라가면 공자의 말에서 비롯되었다. 우리가 지겹도록 사용하는 말 '학습'도 바로 《논어》의 첫 문장인 위 구절에서 나온 말이다. 많은 사람들은 '학습'을 단순히 '공부'와 비슷한 단어로 생각할 뿐이지만, 바로 이 두 글자에 공자 사상의 핵심이 담겨 있다. 많은 사람의 선입견과는 달리 '학學'과 '습習'은 독립적인 의미가 있다. '학'은 배운다는 의미로 책을 통한 공부를 의미하고, '습'은 한자의 모양에서 확인할 수 있듯이 새끼 새가 어미 새를 따라 끊임없이 나는 연습을 하는 것을 뜻한다. 그러니까 학은 머리로 하는 공부를, 습은 몸으로 하는 실천을 의미한다.

누구든지 배우면 성공할 수 있다는 공자의 가르침은 근대로 이어졌다. 무려 2,500년 뒤의 후대 사람들이 자신의 조언을 충실히 따르는 모습을 본다면 공자는 흐뭇해할까? 반은 웃고 반은 울 것 같다. 그때나 지금이나 사람들은 학습을 중요하게 여기지만, 갈수록 습보다 학을 지나치게 강조하는 분위기다. 지식을 습득해서 시험을 잘 치르고 좋은 대학, 좋은 직장에 들어가는 것에 열을 올릴 뿐, 배운 내용을 실천하는 것에는 게으르다.

조선 시대 초기에 《논어》를 감명 깊게 읽은 한 아버지가 있었다. 그는 《논어》의 첫 구절을 따서 아들 이름을 지었는데, 바로 '때때로 익힌다.'라는 뜻의 시습時習이었다. 《금오신화》를 쓴 문인이자 생육신의 한 사람인 매월당 김시습은 아버지의 뜻을 따라, 수양대군이 부당하게 왕위 자리를 찬탈하는 것에 항의하고 벼슬을 하지 않았다. 평생 세속의 욕심을 멀리했지만, 훗날 중종은 김시습의 절개를 높이 평가하고 이조판서로 그를 추증_{나라에 공로가 있는 벼슬아치가 죽은 뒤 품계를 높여 주는 일}했다.

김시습의 아버지는 아들이 머리로 외우고 익히는 공부보다는 몸으로 익히고 실천하는 사람이 되기를 바랐다. 그리고 김시습은 아버지의 바람대로 일생 동안 의를 실천하면서 살았다.

머리로만 공부하는 헛똑똑이들

시험을 잘 치르기 위한 공부에 치중한 사람들이 훗날 부도덕한 언행으로 물의를 일으키는 경우를 흔히 볼 수 있다. 최고의 명문 대학을 나온 법관이 어리석고 비윤리적인 행동을 하거나, 고위 관리가 파렴치한 부정을 저지르기도 한다.

교육 여건이 수십 년 전보다 비교할 수 없을 정도로 개선되었지만 여전히 습보다 학에 몰입하는 분위기다. 아니, 오히려 더 심해진 느낌마저 든다. 물론 수시 전형을 통해서 학생들의 실천적인 활동 정도를 평가하기도 하지만, 그것마저도 오로지 입시에 초점이 맞춰져 있다. 공부는 입시를 위한 이른바 '스펙 쌓기'가 되어 버렸다. 요즘 초등학생들이 학원에서 이런저런 악기나 운동을 배우는 것도 단지 '개인기 추가'를 위한 활동에 가깝다. 아파트 놀이터에서 어두워질 때까지 노는 아이들이 있으면 흉을 보는 시대다. 부모가 방치해서 공부하지 않는 아이들이라고 생각하는 것이다.

그만큼 요즘 학부모들은 자식에 대한 교육열이 대단하다. 초등학생 때까지만 해도 해맑았던 아이들은 중학교에 들어가면서 짜증이 많아지고 부모와 교사에게 반항하기까지 한다. 오죽하면 중학교 2학년 학생이 세상에서 제일 무섭다는 말까지 나왔겠는가.

이는 전적으로 부모의 지나친 교육열과 입시 위주의 교육 제도 탓이다. 요즘 학생들에 비하면 '386 세대' 즉 학력고사 세대는 대학 입시가 쉬운 편이었다. 학습 내용도 과거보다 지금이 훨씬 어렵고 복잡하다. 2022년 수능 언어영역에는 헤겔 철학에 대한 내용이 지문으로 출제되었다. 헤겔 철학을 제대로 읽어 본 사람이 얼마나 될까. 입시 제도도 복잡하고 자주 바뀌어서 교사라도 고등학교 3학년 담당을 오래 하지 않으면 제대로 알지 못한다.

학교 현장에서는 모든 것이 입시 위주다. 좋은 대학을 가기 위해서 동아리 봉사 활동을 의무적으로 해야 하고, 독서를 하더라도 읽는 즐거움은 느낄 수가 없다. 고등학교 3학년이 되면 예체능 과목이나 입시와 상관없는 학과목 시간은 자습으로 대체하기 십상이다. 주말에는 수행 평가를 위한 과제를 해야 한다. 아이들의 성격이 삐뚤어질 수밖에 없다. 머리로 외우고 익히는 공부에만 매달리고, 몸과 마음으로 익히고 실천하는 공부는 하지 않으니 당연한 결과다. 기계적인 공부를 하다 보면 아무리 좋은 대학, 좋은 직장에 들어가더라도 결국은 그릇된 언행으로 물의를 일으키는 헛똑똑이가 되기 쉽다.

통섭형 인간

《논어》의 위정 편에 군자불기君子不器라는 말이 나온다. 군자는 그릇이 되어서는 안 된다는 뜻이다. 여기서 말하는 그릇이란 제기祭器를 말한다. 제사나 차례를 지낼 때 사용하는 그릇인데 모양과 크기가 제각각이다. 제기별로 담는 음식이 따로 정해져 있기 때문이다. 그러니까 제기는 한 가지 음식에만 사용할 수 있도록 그 음식에 맞는 크기와 모양으로 만든다. 공자가 우려한 것은 사람은 모름지기 다양한 음식을 담을 수 있는 그릇이 되어야지, 한 가지 음식만 담는 제기 같은 사람이 되어서는 안 된다는 것이다. 다시 말해 한 가지 기능이나 학문에만 몰두하기보다 다양한 분야를 배우고 익히는 공부가 중요하다는 뜻이다.

법관이 되겠다고 해서 오로지 법 공부만 하고, 운동 선수가 되고 싶다고 해서 날마다 운동만 하면 어떻게 될까? 오로지 법 지식밖에 없는 사람, 또는 오로지 운동만 잘하는 사람이 된다. 바꿔 말하면 그 밖의 분야에서는 사리 판단도 못 하는 편협한 사람이 되기 쉽다. 그 결과 최고 명문 대학을 나온 판검사가 누가 봐도 어리석은 판단을 내리거나, 한 종목에서 정점에 달한 운동 선수가 사회적으로 물의를 일으키는 일이 종종 생겨난다. 공자는 한 가지 공부에만 파묻혀 지내면 편향적인 인간이 되므로 여러 학문을 고루 익히는 통섭형 인간이 되기를 권했다.

통섭형 인간을 강조하는 건 오늘날의 산업 분야에서도 마찬가지다. 한 가지 전문 지식이나 기술에만 통달해서는 미래 산업 발전을 도모하기가 어렵다. 통섭형 인재 교육을 위해 철강, 건설, IT 업계 등에서 동양 고전 전문가 등 인문학 강사를 초빙해 강의하기도 한다. 인문학에서 배우는 지혜가 미래 산업 분야를 이끌 창의적인 아이디어로 이어진다고 보는 것이다. 오늘날 학교 교육에서 시도하고 있는 통합 교과도 따지고 보면 이미 2,500년 전 공자가 주장한 학습 이론에서 나온 것이다.

한 가지만 하기도 벅찬 현실

사실 우리나라 교육계가 지덕체를 갖춘 전인 교육을 외친 지는 꽤 되었다. 그런데도 전인 교육이 잘 이뤄지지 않고 학생들이 여전히 학교 성적에만 매달리는 이유는 입시 공부 자체만으로 이미 힘에 부치기 때문이다. 교과 내용은 갈수록 어려워지고, 입시 경쟁은 학생 수가 줄고 있는데도 더더욱 치열하기만 하다. 과거에는 대학 입학 자체만을 경쟁했다면, 요즘은 좋은 대학이나 출세가 보장되는 학과에 진학하기 위해 더 맹렬한 경쟁을 해야 한다. 다양한 분야의 지식과 지혜를 쌓기 위한 독서는 할 엄두도 내지 못한다. 오로지 자신이 원하는 진로에 부합하는 독서, 그 실적을 학생부에 반영할 수 있는 독서를 해야 한다.

운동 선수도 마찬가지다. 초등학교 때부터 운동을 시작한 야구 부원이 프로 야구 구단의 선택을 받는 것은 공부를 잘해서 명문 대학에 가는 것 이상으로 어렵다. 어떤 상황에서도 흔들리지 않고 안정된 경기를 할 수 있는 경지에 도달하려면 하루에 열 시간을 연습해도 부족하다. 다른 분야의 교양을 쌓거나 공부를 하기에는 체력이 따라 주지 않는다. 서양 선진국 중에는 아무리 뛰어난 선수라도 학과 공부가 부족하면 대회 참가나 선수 활동에 제약을 주기도 한다. 우리나라도 전인 교육을 위해서는 그런 제도에 대한 검토가 필요할 것이다.

대학 수시 입학 제도의 맹점

지덕체를 고루 갖춘 인재 교육을 위해 시도한 제도 중 하나가 수시 입학 제도다. 공자가 말하는 몸으로 실천하는 학습을 시도한 것인데, 원래 취지와는 달리 오히려 정시보다 더 공정하지 못한 제도로 인식되고 있다. 학생들은 학교에서 배운 봉사 정신을 실천하기 위해서가 아니라 전인 교육 실적을 쌓기 위해 노인 요양원을 찾아간다. 다양한 활동을 하는 원만한 인간이 되기 위해서가 아니라 스펙을 쌓기 위해서 논문을 쓰고 학교 밖 연구 프로젝트에 이름을 올린다. 더더욱 문제가 되는 것은 부모의 영향력과 본인이 소속된 학교 또는 지역에 따라서 차별당하는 경우도 있는 사실이다.

통섭형 인재를 양성하고자 마련한 수시 입학 제도가 오히려 비리와 불공정의 산실이 되었다. 차라리 수능 시험 성적 위주로 학생을 선발하는 정시 제도가 공정하다고 말하는 사람이 훨씬 많다. 이제 주요 상위권 대학에서는 다시 정시 선발 인원을 늘리는 추세다. 어차피 현대 사회가 치열한 경쟁으로 유지되는 사회인데 공자의 주장처럼 다양한 교양을 갖춘 인재가 살아남기는 힘들다는 주장도 있다.

당장은 입시 때문에 중고등학교에서 통섭형 인재 교육을 하지 못하니 대학에 가서 다양한 경험을 하며 공부하는 것이 좋겠다는 주장도 설득력이 없다. 대학에 가면 더 치열한 취업 경쟁이 기다리고 있기 때문이다.

최근 기업들은 신입 사원을 채용해 회사에서 재교육하기보다는 그전에 어느 정도 교육을 받은 '스펙' 좋은 사원을 선호한다. 그래서 대학생들은 휴학을 하고 어학 연수를 다녀오거나 인턴 생활을 하는 것을 당연하게 받아들이는 추세다. 그래서 공자의 통섭형 인재는 어느 정도 경제적, 사회적인 여유가 있을 때 개인적으로 추구하는 것이 현실적이라는 주장을 하는 사람이 많다. 미국도 지덕체를 고루 갖춘 인재 교육을 하는 데 어려움을 겪는다. 그나마 미국이 우리보다 사정이 나은 것은 우리보다 더 나은 경제력 덕분이다. 결국 통섭형 인재는 돈과 여유가 있어야 가능하다는 결론이 나온다.

사고력을 높이는 끝장 토론 💬

1. 여러분은 폭넓은 지식을 갖춘 교양인이 되고 싶나요, 아니면 한 가지 지식만 깊게 갖춘 전문인이 되고 싶나요?

2. 여러분이 회사 사장이라면 어떤 자질을 갖춘 사람을 최우선으로 채용하고 싶나요?

도스토옙스키의
양파 한 뿌리

공자는 주이불비周而不比, 즉 두루두루 친하게 지내되 사리사욕을
위해 무리를 만들지 말라고 가르쳤다. 앞서 소개했듯 도스토옙
스키의 소설《카라마조프 씨네 형제들》에도 비슷한 메시지를
전하는 이야기가 나온다.

　이야기 속의 노파는 살아생전에 한 유일한 착한 일, 즉 양파
한 뿌리를 거지에게 던져 준 사실을 인정받아 지옥에서 회생할
기회를 얻는다. 그러자 노파와 함께 불구덩이에 있었던 다른
사람들이 함께 천국으로 가자며 노파에게 매달린다. 노파는 그
들을 발로 걷어차고 밀어내다가 결국 모두가 다시 불구덩이로
떨어진다. 남을 배척하고 자신의 이익만 추구하면 모든 사람이
함께 망한다는 교훈을 준다.

　2021년 넷플릭스에서 전 세계 시청 가구 수 1위를 차지한 드
라마〈오징어 게임〉에서도 다른 사람을 단절하는 이기주의를

비판한다. 자기만 살고 보겠다고 남들을 해치는 사람들을 보고 "이러다간 다 죽어!"라고 경고한다. 공자와 도스토옙스키라는 동양과 서양을 대표하는 두 지식인도 사적 이익을 탐하는 '패거리 문화'가 아닌 '함께하는 사회'를 추구했다.

첨단과학의 시대에 종교가 필요할까?

《사물의 본성에 관하여》
루크레티우스

어떤 책일까?

《사물의 본성에 관하여》는 고대 로마의 시인 루크레티우스Lucretius, 기원전 96? ~ 기원전 55가 자신의 철학을 녹여 낸 산문시 형식의 책이다. 우주의 생성과 사물의 본성에 관한 이 책의 통찰은 루크레티우스만의 고유한 철학은 아니다. 루크레티우스는 선배 철학자인 에피쿠로스에게서 많은 영향을 받았다. 에피쿠로스는 우주 만물에 대한 근본 원리를 과학자처럼 탐구했는데, 그 결과물이 상당 부분 《사물의 본성에 관하여》에 녹아들었다.

《사물의 본성에 관하여》에는 우주 만물이 어떻게 생겨났고 사물의 본성은 무엇인지를 근본적으로 탐구하는 '철학 시'가 담겨 있다. 루크레티우스는 이 책을 통해 우주는 신이 창조한 것이 아니라 원자들이 만나고 연결되는 과정에서 생성된 것이며, 따라서 신이 개입할 여지가 전혀 없다고 주장했다.

　　루크레티우스의 주장은 책이 나왔을 당시 종교계의 공분을 사기에 충분했다. 하느님이 세상을 창조했다는 기독교의 가장 중요한 교리를 근본적으로 부정했기 때문이다. 이 책이 로마 교황청으로부터 금서로 지정되어 탄압을 받고 세상 사람들의 눈에서 멀어진 것은 당연한 수순이었다. 세월이 갈수록 이 책의 존재는 점점 희미해졌고, 실물을 보거나 읽어 봤다는 사람도 하나 없는 전설 속의 책이 되어 버렸다. 1417년 한 책 도둑이 이 책을 독일의 수도원에서 발견하기 전까지 말이다.

수도원에서 1,400년 넘게 잠들어 있던 책

1417년 1월, 교황청에서 필사가이자 비서로 일했던 포조 브라촐리니는 독일의 차가운 시골길을 걷고 있었다. 자신이 모시던 상사인 교황 요하네스 23세가 실각을 하고 감옥에 갇히자 졸지에 실업자가 된 처지였다. 포조가 향한 곳은 수도원의 가장 비밀스러운 장소인 도서관이었다. 그는 도서관 어딘가에 있을지 모를 보물 같은 책을 찾을 작정이었다.

교황의 비서 출신답게 탁월한 화술을 발휘한 포조는 수도원장의 허락을 받아 내 도서관 입성에 성공했다. 도서관 구석구석을 이 잡듯 뒤진 결과 마침내 라틴어로 쓴 찬란한 책 한 권을 발견했다. 원본이 아닌 필사본이었지만, 포조는 순간 흥분에 차올라 떡 벌어진 입을 틀어막아야 했다. 그는 주 특기를 발휘해 잽싸게 그 책을 필사했다. 그 책이 바로 《사물의 본성에 관하여》였다.

포조의 손에 의해 수도원 도서관에서 구출된 《사물의 본성에 관하여》는 르네상스를 꽃피우고 근대화 시대의 개막을 알렸다고 칭송받는다. 이 책을 재발견한 1417년이 근대가 탄생한 해다. 기원전 1세기에 쓰였지만 오래도록 잊혔다가 15세기에 발견된 책이 어떻게 세상을 바꿀 수 있었을까? 《사물의 본성에 관하여》를 포조가 발견했을 당시에는 이 책의 주된 내용 중 하나가 허무맹랑한 주장으로 치부되었다. 우리가 사는 세상이 우주에 떠도는 원자들이 충돌해서 생겨난 것이라는 주장 말이다. 하지만 지금 그 내용은 우주 전체에 대한 합리적인 이해의 초석이 되었다. 다시 말해 오늘날의 과학관은 고대에 쓰인 《사물의 본성에 관하여》가 제시한 과학관을 기초로 생겨난 것이다. 이 책의 애독자가 갈릴레이와 아이작 뉴턴을 비롯한 근대의 문을 연 과학자들이었다는 것만으로도 이 사실을 충분히 증명한다.

우주는 자연이 만든 것이다

《사물의 본성에 관하여》는 모두 6권으로 이루어져 있다. 그리고 무려 기원전 94년에서 55년 사이에 쓰여졌다. 망원경이나 현미경 등 자연 현상을 측량, 탐구할 수 있는 과학 도구가 없던 시절에 우주의 기본 원리에 대한 비교적 과학적인 사실을 들려주었던 책이다. 멀리 갈 것도 없이 조선 시대에만 해도 천재지변이나 흉년이 찾아오면 왕의 덕이 부족한 탓이라고 여겨 하늘에 제사를 지냈다. 기원전 고대에 근대를 열게 한 과학적인 우주의 원리를 설명했다는 것은 놀라운 일이다.

《사물의 본성에 관하여》의 집필 목적은 1권에 명확히 드러난다. 그 당시 사람들은 설명할 수 없고 원인을 알 수 없는 자연 현상을 모두 신의 계시로 여겼으며, 사람이 죽고 나면 지옥에 갈지도 모른다는 공포심을 갖고 있었다. 이러한 사람들에게 목숨을 담보로 공포심을 조장하여 이득을 챙기는 예언자들도 있었다. 《사물의 본성에 관하여》는 그러한 예언자들의 위협에 대처할 수 있도록 돕기 위해서 쓴 책이다.

따라서 이 책은 기본적으로 신과 사후 세계를 부정한다. 죽고 나서도 지옥 따위는 없으니 무서워할 것 없다고 말한다. 이 책은 원래 백성 위에서 군림하는 군주나 종교 지도자 말고는 읽어서는 안 되는 책이었다. 그래서 1516년 로마 교황청은 이 책을 금서로 낙인찍었다. 그 낙인은 무려 몇 세기를 건너뛴 1966년이 되어서야 해제되었다. 이 책에 대한 교황청의 우려는 그토록 길고 집요했다.

《사물의 본성에 관하여》는 천둥, 폭풍과 같은 자연 현상뿐만 아니라 사랑, 쾌락, 죽음, 지옥, 종교와 같은 인간이 고민하는 주요한 관념을 모두 다룬다. 다르게 말하면 물리학, 우주학, 원자론, 윤리학 분야를 모두 다룬다. 물론 현대 과학이 밝혀낸 사실과 어긋나는 내용도 있다. 하지만 자연 현상을 신이 관장하는 부분으로 인식하고 막연한 공포감에 사로잡혀 있던 시대에 논리적, 이성적으로 사물을 분석하고 논증했다는 사실만으로 중요한 성과를 지닌다. 이 성과는 저자인 루크레티우스만의 공이라기보다 에피쿠로스학파의 연구를 취합한 결과라고 할 수 있다.

종교는 미신일 뿐이다

루크레티우스는 왜 인간을 둘러싼 자연 현상과 정신 현상을 모두 다루었을까? 루크레티우스는 인간이 살면서 느끼는 공포는 주로 종교나 근거 없는 말에서 비롯된 것이라고 기술했다. 물론 종교가 사람들에게 위안을 주기도 하지만, 지옥이나 사후 세계의 벌 등에 대한 공포가 오히려 인간의 삶을 비참하고 고통스럽게 만든다고 생각했다. 실존하지도 않는 지옥 때문에 왜 걱정을 하고 무서워하느냐는 것이다. 그는 사후 세계와 지옥에서 받는 벌이 현생의 삶을 착하고 성실하게 살게 할 수는 있겠지만, 결국 죽음에 대한 공포는 불행을 싹틔우는 씨앗이 된다고 주장했다.

루크레티우스는 죽음도 무서워할 필요가 없다고 설파했다. 육체와 마찬가지로 영혼도 나이가 들수록 쇠약해지며 결국은 육체와 함께 자연스럽게 사라지는 것이니, 후회하고 그리워하며 슬퍼하는 감정도 사라진다는 것이다. 그에 따르면 인간은 어리석게도 무서워할 필요가 없는 환한 빛 속에서 스스로 공포를 만들어 두려워하며 공포의 슬픈 파도를 굴리고 있는 셈이다. 그는 제도화된 모든 종교는 미신이 섞인 망상이라고 일갈했다. 인생의 궁극적인 목표는 쾌락을 극대화하고 고통을 최소화하는 데 있으며, 인생은 행복을 추구하는 방향으로 가야 한다고 주장했다. 한마디로 물질이 아닌 천사, 악마, 영혼

같은 것은 존재하지 않는다고 본 것이다. 덧붙여 그는 현생에서 추구해야 할 최고의 가치는 개인의 행복 추구라고 했다. 신이나 국가에 대한 충성, 신을 향한 고된 수련 등은 그다음에 생각해야 할 문제라고 했다. 이런 주장으로 루크레티우스는 사람들에게 죽음과 지옥에 대한 공포를 덜어 주었다.

그래도 종교는 필요하다

루크레티우스는 종교가 제시하는 우주관과 세계관을 부정함으로써 인간을 죽음의 공포에서 자유롭게 해 주었다. 과연 종교는 허상에 불과할까? 종교는 오로지 죽음의 공포를 주입함으로써 인간을 고통 속에 살게 하는 걸까?

현대의 과학은 루크레티우스가 발견한 우주관과 비교할 수 없을 정도로 정확하고 합리적인 우주의 생성 원리를 발견하고 증명했다. 루크레티우스의 생각대로라면 오늘날에는 신앙이 있는 사람이 없어야 한다. 그러나 과학 문명이 눈부시게 발달한 오늘날에도 종교는 여전히 그 영향력을 발휘하고 있다. 중세처럼 종교의 세계관만이 유일하게 인정되는 시대는 아니지만, 여전히 많은 사람들은 종교에 의지해 살아간다. 우리 시대의 탁월한 과학자 중에도, 심지어 우주의 생성

원리를 가장 잘 아는 우주과학자나 물리학자 중에도 독실한 신앙인이 많다. 게다가 첨단과학이 가장 발달한 미국에는 신앙인이 아닌 사람을 찾아보기 힘들 정도다.

최첨단 과학의 시대에 종교는 왜 이토록 자리를 굳건히 지키고 있을까? 그것은 여전히 과학 지식으로 풀 수 없고 이해할 수 없는 일들이 너무 많기 때문이다. 과학이 발달한 시대라고 해서, 종교를 믿지 않는다고 해서 죽음의 공포가 완전히 우리 곁을 떠난 것은 아니다. 오히려 고도로 과학이 발달한 초현대 사회에서 인간은 더더욱 초자연적인 힘에 의존하려는 경향이 강해지고 있다. 그 상징적인 예로, 첨단 과학이 집결해 있는 자동차를 세워 두고 안전 운전을 기원하며 고사를 지내는 모습을 흔히 볼 수 있다.

이렇게 과학은 죽음에 대한 공포를 해결해 주지 못하며, 대자연 앞에서 인간은 나약한 존재라는 사실을 부정할 수 없다. 무신론자가 큰 사고를 겪은 다음 종교에 귀의하는 경우가 종종 있다. 이 역시 세상에는 인간의 힘으로 도저히 감당할 수 없는 일이 여전히 많다는 사실을 인정하기 때문이다. 도무지 알 수 없는 세상 속에서 종교를 삶의 버팀목으로 삼는 것이다. 실제로 많은 사람들이 극도의 불행 앞에서 종교에 의지해 살아갈 힘을 얻곤 한다.

또 종교야말로 서로 기대어 살아가는 본능을 지닌 인간성에 가장 부합하는 것 중 하나다. 혼자서 신앙 생활을 하는 사람도 물론 있지만, 종교 활동은 기본적으로 '모여서' 한다. 함께하는 동료가 있다고 해서 죽음을 피해 갈 수는 없지만, 서로 의지하는 동료가 있다는 것은 현생을 더욱 행복하게 해 주는 밑거름을 갖추었다는 뜻이다. 교인들은 서로 정보와 지혜를 공유하며 도움을 주고받는다. 어쩌면 종교 활동이야말로 에피쿠로스학파가 지향하는, 삶의 행복을 가져다주는 중요한 요소 중 하나일 수 있다. 신이 과연 실존하는가에 대해서는 종교인조차 가끔 의심하지만, 옆에 있는 동료 교인이 실존한다는 것은 의심할 수 없는 사실 아닌가.

루크레티우스는 죽음의 공포를 없애 주기 위해 사후 세계는 없다고 주장했지만, 역설적으로 종교야말로 죽음에 대한 공포를 가장 잘 달래 준다. 물론 죽음에 대한 공포를 이용해 신도들로부터 이익을 챙기려 드는 사이비 종교도 있지만, 여전히 많은 사람들은 종교를 통해서 죽음에 대한 공포를 해소한다.

사고력을 높이는 끝장 토론 💬

1. 죽음에 대한 공포가 인간의 생활에 미치는 긍정적인 효과는 무엇일까요?
2. 종교와 과학은 언제나 대립하는 관계일까요? 아니면 서로 보완해 주는 관계일까요?

마키아벨리도
이 책을 필사했다

《사물의 본성에 관하여》는 레오나드로 다빈치, 갈릴레이, 뉴턴, 알베르트 아인슈타인을 비롯한 많은 후대 지식인들에게 영향을 주었다. 현재 이 책은 포조가 수도원 도서관에서 발견한 원본 필사본뿐만 아니라 포조가 필사한 판본도 전해지지 않는다. 다만 바티칸 국립 도서관에 소장 중인 책이 있는데, 그 판본은 여백에 많은 주석과 메모가 쓰여 있다. 《사물의 본성에 관하여》를 이토록 주의하여 읽고 제 생각을 남긴 사람은 누구일까? 필적 감정을 한 결과 그 주인공은 바로 니콜로 마키아벨리였다. 이탈리아의 정치 사상가로서 《군주론》을 쓴 마키아벨리도 《사물의 본성에 관하여》의 열렬한 팬이었다. 하지만 워낙 영리하고 현명했던 그는 교황청의 심기를 건드릴 수 있는 에피쿠로스학파에 대한 논평은 일절 남기지 않았다.

동물원의 동물은 행복할까?

《장자》 장자

어떤 책일까?

장자莊子, 기원전 365?~기원전 270?의 본명은 장주莊周다. 전국 시대 제자백가 중에서 도가道家 사상을 대표한다. 말단 벼슬을 했으며 평생 가난하게 살았다. 공자와 맹자가 유교 사상을 대표한다면 노자와 장자는 도가 사상을 대표하며, 노자와 장자의 사상을 함께 일컬어 '노장사상'이라고 부른다. 장자는 물질적 풍요를 멀리하며 세상을 흑백 논리가 아닌 상대 논리로 본다. 세상을 살아가는 방법은 사람에 따라 다르며, 각자의 차이를 존중하라는 것이 장자의 가르침이다.

《장자》는 원래 52편으로 이루어졌다고 알려졌지만, 현재는 33편이 〈내편〉, 〈외편〉, 〈잡편〉으로 나뉘어 남아 있다. 장자 자신이 〈내편〉을 집필했고, 〈외편〉과 〈잡편〉은 그의 제자와 도가 사상가 들이 함께 썼다고 한다. 〈내편〉에는 주로 장자의 중심 사상이 들어 있고, 〈외편〉은 장자에 대한 '글 모음집'으로 볼 수 있다.

〈외편〉에 실린 이야기 중 하나를 들여다보자.

장자가 한가로이 낚시를 하고 있는데 초나라 왕이 보낸 사신 두 명이 찾아왔다. "그대의 지식과 식견을 어떻게 낚시 따위를 하는 데 허비하고 있소?" 이렇게 물은 사신은 초나라 왕이 장자에게 재상의 자리를 준다고 하니 함께 가자고 청했다. 낚싯대에서 눈도 떼지 않은 채 그 말을 들은 장자는 이렇게 대답했다.

"내가 듣기로 당신들이 사는 초나라의 사당에 죽은 지 몇천 년 된 신비로운 거북이 한 마리가 있다지요? 그 거북이를 좋은 상자에 넣어 비단에 감싸서 보관하고 있다던데요. 생각해 보시오. 당신이 거북이라면 죽어서 천 년 뒤에 껍데기만 남아서 귀하게 모셔지길 원했겠소? 아니면 진흙탕에서 꼬리를 끌고 다니더라도 마음껏 유영하며 살고 싶은 대로 살기를 원했겠소?"

"당연히 살아서 진흙탕에 꼬리를 끌고 다니고 싶지요." 두 사신이 대답했다. 그리고 장자는 초나라 왕이 제안한 재상 자리를 거절했다.

만약 재상 자리를 수락했다면 장자는 많은 사람의 경배와 존경을 받으며 살았을 것이다. 하지만 장자는 그 대신 자신의 인생이 없어지리라는 것을 잘 알았다. 자기 마음대로 살지 못하고 가고 싶은 곳도 마음대로 못 갈 바에야 가난하더라도 자신이 원하는 삶을 살겠다고 그는 생각했다. 죽어서 껍데기만 남아서 귀하게 대접받느니 차라리 더러운 진흙탕에서 꼬리를 끌고 다니기를 원했다. 벼슬길에 나가 구속당하는 것보다는 시골에 숨어 자유롭게 사는 것이 낫다는 것이다. 장자는 이러한 자신의 철학을 예미지인생曳尾之人生, 즉 타인에게 구속되지 않는 자유로운 인생이라고 말했다.

자유롭지만 척박한 야생의 삶

야생의 동식물을 다룬 자연 다큐멘터리를 보면 포식자가 사냥하는 장면이 자주 등장한다. 마침내 사냥감을 붙들고 물어뜯는 모습은 범죄 영화에 나오는 폭력 장면보다 훨씬 더 잔인하다. 앙증맞고 귀여운 토끼나 영양이 사자나 치타에게 잡아먹히는 장면을 보면 누구나 측은한 마음이 든다.

포식자라고 언제나 평안하고 안락한 생을 보내는 것은 아니다. 동물의 왕이라는 사자도 사냥감이 풀을 뜯는 틈을 타 30미터 안으로 접근했다고 해도 사냥 성공률은 20퍼센트도 안 된다. 그들은 언제나 굶주림에 시달리고 영역 다툼에서 지면 외톨이 신세가 된다. 최상위 포식자들도 늙고 힘이 빠지면 뼈에 가죽만 덮인 몰골이 되어 죽어 간다.

고양이는 평균 수명이 15년 정도라고 한다. 그러나 그것은 주인의 보살핌 아래 살아가는 고양이의 경우이며, 들고양이는 3년을 채 살지 못한다. 만약 장자가 고양이였다면 15년을 사는 집고양이가 되고 싶을까, 아니면 들고양이가 되고 싶을까? 그는 분명 들고양이의 삶을 선택할 것이다. 비록 배고프고 춥더라도 어디든 갈 수 있는 자유가 있지 않은가. 집고양이는 주인의 보호를 받는 만큼 주인이 제공하는 장소에서 먹이를 먹고 살아야 한다. 집고양이에게는 사람 사는 집과 캣타워가 세상의 전부인 셈이다. 장자가 말하는 본인이 원하는 길을 걸을 수 있는 자유로운 인생이 아니다.

동물 복지에 힘쓰는 동물원

야생의 삶이 척박하다면 인간에게 보호를 받는 동물원의 삶은 어떨까?

동물원은 사람들 주변에서 동물을 쉽게 볼 수 없던 시절부터 생겨났다. 동물원의 동물들은 인간이 만들어 놓은 시설에서 보호받으며 지내는 한편, 관람객들에게 여러 가지 재주를 보이며 즐거움을 선사한다. 동물원의 주요한 기능 중 하나는 멸종 동물을 보호하는 것이다. 동물원은 멸종 위기에 처한 동물을 사육하고 번식시켜 다시 자연으로 돌려보내는 순기능을 한다. 에버랜드 동물원은 1994, 1997, 1998년 세 차례에 걸쳐 멸종 위기 동물인 산양 세 쌍을 월악산 국립 공원에 풀어 주었다.

어떤 동물원은 시민들에게 동물에 대한 교육을 하기도 한다. 동물의 서식지나 습성과 같은 기본 지식을 알려 주고, 동물 보호 교육을 실시함으로써 야생 동물 보호에 이바지하기도 한다. 더구나 무분별한 개발로 자연환경이 파괴되고 있는 지금, 동물이 설 자리가 점점 더 좁아지고 있는 만큼 동물원의 이런 교육적 기능은 중요한 의미를 지닌다.

동물원 직원들은 동물을 사육하면서 그들의 습성, 생식, 번식, 먹이에 대한 지식을 수집, 관리하기도 한다. 이렇게 수집한 정보는 야생 동물을 관리하고 보호하는 데 큰 도움을 준다. 이렇게 동물원의 기능은 멸종 위기 동물을 보호하는 쪽으로 옮겨 가고 있다.

1980년대 이후로 동물원은 포유류를 야생에서 붙잡아 오지 않는다고 한다. 야생에서 동물을 마구 생포해 오면 생태계를 파괴하게 되기 때문이다. 이제 다수의 동물원은 포유류를 자체 번식시킴으로써 종의 보존에 이바지하고 있다. 최근에는 각 동물의 습성과 자연 서식지를 고려해서 최대한 자연 친화적인 생활 터전을 만들어 주고 있다. 또 관람객과 동물들 간의 거리를 적절히 유지함으로써 동물들의 정신적인 복지 증진에도 힘쓰고 있다. 비록 야생에서처럼 마음대로 살 수 있는 자유는 없지만, 장자가 말하는 자유로운 삶에 가까운 환경을 만들어 주기 위해 노력하고 있다.

야생성을 빼앗는 동물원

동물원에 사는 동물들은 천적을 걱정할 필요가 없다. 다른 동물을 잡아먹는 포식 동물이나 육식 동물도 사냥하느라 힘쓸 필요가 없다. 때가 되면 사육사가 먹기 좋게 자른 먹이를 던져 주기 때문이다. 짝짓기 상대를 찾느라 애쓸 필요도 없다. 사육사가 커플 매니저가 되어 알맞은 짝을 골라서 신혼 살림까지 차려 준다.

만약 동물도 이성이란 게 있어서 동물원과 야생 중 한곳을 선택하게 한다면 어느 곳을 고를까? 여기서 주의할 점은 동물원의 주거 환경이 야생의 환경보다 안락하다는 보장이 없다는 것이다. 일부 동물원은 콘크리트로 만든 좁은 공간에 동물들을 가둬 놓는다. 산란계를 기르는 칸막이식 좁은 닭장, 또는 횟감으로 팔 물고기를 가둬 놓는 수족관이나 다름없는 환경이다. 좁은 수족관에 뒤엉켜 지내던 대게들은 스트레스를 못 이겨 동료의 다리를 물어뜯기도 한다. 이처럼 타고난 본성을 고려하지 않은 열악한 환경에서 자라는 동물은 이상 행동을 하고 여러 가지 질병에 시달린다. 좁은 콘크리트 공간에서 동물을 기르는 것은 동물보다 사육사의 편의를 더 중요하게 생각한 것이다. 평평한 콘크리트 바닥은 청소 등 관리하기는 편하지만, 동물들의 건강에는 매우 좋지 않다.

　　동물원에서 사육사가 던져 주는 먹이를 먹으며 살다 보면 야생성을 잃게 된다는 단점도 있다. 야생에서 사냥할 때처럼 활기차게 달리고 싶어도 그런 본능을 표출할 만한 환경이 못 된다. 시골에서 낚시하며 자유롭게 지내던 장자도 재상의 자리에 앉았다면 사정이 달라졌을 것이다. 동물원의 동물이 관람객들의 환호를 받듯이 장자가 벼슬을 하면 뭇 백성의 존경은 받겠지만, 낚시를 하며 망중한을 누릴 여유는 없을 것이다. 만약 동물원의 사자에게 사냥을 하던 시절의 에너지를 쏟을 다른 활동을 부여하지 않는다면 사자에게 동물원은 그다지 행복한 공간이 못 된다.

　이런 관점에서 보면 동물원에서 생활하는 동물도 그 종에 따라 처지가 다르다. 초식동물이 야생에서 산다면 일분일초도 안심할 수 없다. 언제 어디서 포식자가 달려올지 모르기 때문이다. 그러나 동물원에서 산다면 그 모든 위협과 위험은 사라진다. 덩치가 작은 초식동물에게 동물원은 자유로움과 안락함을 갖춘 이상향일 수 있다. 반면 덩치가 큰 포식동물은 사정이 다르다. 아무리 동물원에서 배려한다고 해도 그들에게 동물원은 비좁고 답답한 공간일 뿐이다. 또 사냥의 본능을 박탈당한 채 평생을 살아야 한다.

　코끼리는 사냥을 하지 않지만 하루 평균 60킬로미터를 이동한다. 이 세상에 있는 그 어떤 동물원도 코끼리에게 쾌적한 주거 공간이 될 수 없다. 그나마 동물 복지에 힘쓰는 동물원들은 코끼리 사육을 포기하고, 자연 상태나 다름없이 넓은 활동 무대가 있는 야생 공원으로 코끼리를 보낸다. 동물 복지에 대한 인식이 높은 유럽에서는 코끼리를 사육하지 않는 동물원이 점점 많아지고 있다.

척박함보다 더 위협적인 구속감

　영장류 동물도 동물원에서 스트레스를 가장 많이 받는 동물에 속한다. 영장류는 원래 하루 중 약 70퍼센트의 시간을 먹잇감을 찾는데 쓰며 살아가는 동물이다. 그런데 동물원에서는 먹이를 받아 먹기만 해야 하니 실제로 먹이 활동을 하는 시간은 거의 없다. 신체적, 정신적으로 스트레스를 받을 수밖에 없다. 평생 눈만 뜨면 들에 나가던 농부가 갑자기 도시의 아파트에서 지내야 한다면 얼마나 갑갑하겠는가. 하루 대부분을 사냥을 하면서 보내야 하는 포식자에게 동물원은 감옥이나 마찬가지다. 먹잇감을 찾기 어렵게 숨겨 놓는다거나 수차례에 걸쳐 나눠 준다고 해도 그들의 무료함은 달래지지 않을 것이다.

동물원의 동물은 천적이나 굶주림, 그리고 생명을 위협하는 자연재해의 위험에서는 벗어나 있다. 그렇다고 해서 그들의 안전을 위협하는 요소가 전혀 없는 것은 아니다. 동물원에는 굶주림이나 포식자만큼이나 무서운 관람객이 종종 나타난다. 동물에게 해로운 음식을 던져 주는 것은 양반이고, 아예 먹을 수 없는 동전 같은 물건을 던지기도 한다. 동물에게 육체적인 해코지를 하는 관람객도 심심찮게 볼 수 있다. 자유가 없는 동물원의 동물들이 타고난 수명을 누리는 경우가 드문 이유다. 동물원의 동물들은 비교적 안전한 환경에서 사는데도 본래의 수명을 다하는 비율이 높지 않다. 그것은 동물원에 갇힌 구속감이 야생의 포식자만큼이나 그들의 행복과 안녕을 방해하기 때문이다. 바로 장자가 경계한, 자기 마음대로 인생을 꾸려 나갈 자유가 없는 삶을 살기 때문일 것이다.

사고력을 높이는 끝장 토론 💬

1. 만약 여러분이 굶주림에 시달리고 있다면 지금 눈앞에 있는 라면 한 그릇과 한나절 뒤에 나올 만찬 중 어느 걸 선택하고 싶나요?

2. 오늘날 동물원은 멸종 동물을 보호하는 역할을 수행합니다. 한편 동물을 상업적으로 이용하며 야생 동물이 자유롭게 살아갈 권리를 침해한다는 비판도 받습니다. 동물원은 지금처럼 존재하는 게 좋을까요?

왜 우화 형식으로
썼을까?

《장자》에는 유머와 재치가 넘치는 우화가 많다. 그래서 철학책이라기보다 재미있는 문학책으로 읽히기도 한다. 장자는 왜 우화 형식을 빌려서 자신의 철학을 전하려고 했을까?《장자》의 천도天道 편에 나오는 윤편輪扁의 일화를 읽으면 실마리가 풀린다. 윤편은 말 그대로 바퀴를 만드는 기술자다.

제나라 환공이 마루 위에서 책을 읽고 있었다. 마루 아래서 바퀴를 만들던 기술자가 연장을 놓고 마루 위로 올라와 환공에게 무슨 책을 읽느냐고 물었다. 환공이 성인이 남기신 말씀을 읽고 있다고 대답하자 윤편은 그 성인이 살아 있느냐고 물었다. 이미 죽은 사람이라고 대답하자 윤편은 죽은 사람이 남긴 책은 그 사람의 껍데기일 뿐이라고 일갈했다. 환공은 왜 그렇게 생각하는지 자신이 납득할 만한 설명을 하지 못하면 죽이겠다고 화를 내며 말했다.

그러자 윤편은 자신이 일흔이 넘도록 바퀴 만드는 기술을 자식에게 물려주지 못한 이유에 대해 늘어놓았다. 바퀴를 너무 느슨하게 깎으면 헐거워서 제구실을 못 하고, 너무 조이면 빡빡해서 수레에 들어가지 못하니 적당하게 깎는 게 중요한데, 그 기술은 말로는 안 되고 오랜 경험으로 스스로 깨달아야 한다는 것이었다. 즉 환공이 읽고 있는 성인의 책도 죽은 사람이 남긴 글에 불과하니 정작 그 성인이 전하고 싶었던 중요한 내용은 담겨 있지 않다는 설명이다. 지혜는 말이나 글로 표현될 수 없기 때문이다.

장자 또한 이런 사실을 염두에 두고 우화 형식의 글에 중요한 내용을 녹여 낸 것이 아닐까? 직접적으로 이야기할 수 없으니 차라리 우화 형식으로 들려주어서 독자들 스스로 생각하고 나름의 진리와 가치를 깨닫도록 한 것이 아닐까?

추억과 꿈은
아무런 힘이 없을까?

《팡세》 블레즈 파스칼

프랑스의 수학자이자 철학자인 블레즈 파스칼Blaise Pascal, 1623~1662은 그가 살았던 17세기에 여기저기에서 제기되었던 무신론에 대해 반박하는 글을 썼다. 그러나 39세로 요절하는 바람에 책 출간에 적합한 글을 완성하지 못했다. 그래서 《팡세》는 여러 가지 주제에 관한 파스칼의 생각이 담긴 메모 모음집 형식이 되었다. 인간에 관한 예리한 분석과 통찰이 담긴 기독교 고전인 동시에 철학의 고전으로도 널리 읽힌다.

《팡세》는 인간이 어떤 존재인지를 통찰하고 분석한 다음 기독교의 필요성에 대해 이야기한다. 하지만 이 책은 단지 기독교도를 위한 책이 아니다. 인간에 대한 정확하고 냉철한 통찰이 가득 담긴 철학책이다.

파스칼은 기본적으로 인간의 삶을 '비참함'으로 보았다. 인간은 태어나서 성장해 가는 한편 결국은 죽음을 향해 나아간다. 죽어 가는 과정에서 늙고 병마에 시달리는 고통을 겪게 마련이다. 피할 수 없는 이러한 절망을 인간은 애써 무시하고 외면하려 한다는 것이 파스칼의 생각이다. 파스칼의 이런 생각이 담긴 문장을 읽어 보자.

우리는 절대로 현재에 머무르지 않는다. 미래가 굉장히 천천히 오는 것으로 예상하고 걸음을 서두른다. 과거는 굉장히 빨리 지나가는 것처럼 생각해 붙잡아 두려고 추억한다. 우리는 너무 어리석어서 우리의 시간이 아닌 시간 속에서 방황하고, 우리가 속해 있는 시간에 대해서는 생각하지 않는다. 그리고 공허하게도 지금 존재하지도 않는 시간을 생각하며, 존재하는 유일한 시간은 무심결에 놓친다. 현재는 대개 고통을 주기 때문이다. 현재가 우리를 너무 힘들게 해서 우리는 현재를 우리 눈앞에서 숨긴다. 만약 현재가 즐겁다면 그것이 도망가는 것을 아쉬워한다. 우리는 미래를 생각하면서 현재를 버티려고 애쓰며, 이루어진다는 보장이 없는 미래를 위해 도저히 할 수 없는 일을 하려고 노력한다.

여러분의 생각을 한번 들여다보면 과거와 미래가 생각을 완전히 채우고 있다는 것을 알게 될 것이다. 우리는 현재를 생각하지 않는다. 혹시 생각한다고 해도 미래 계획을 빛나게 하기 위함이다. 우리에게 현재는 결코 목적이 아니다. 과거와 현재는 수단이다. 오직 미래만이 목적이다. 그래서 우리는 미래를 희망할 뿐이지, 미래를 사는 것은 아니다. 우리는 항상 행복해지기 위해서 계획하지만 절대로 행복해질 수 없는 숙명이다.

_《팡세》 중에서

위 글의 요지는 인간은 현재를 생각하면 너무 고통스러워서 생각을 아예 하지 않는다는 것이다. 파스칼에 따르면 우리가 미래를 생각하며 부와 명예를 꿈꾸는 것은 현재를 회피하기 위한 수단일 뿐이다. 우리가 바쁘게 생활하고 성공을 지향하는 것 또한 현재의 고통과 다가올 절망을 외면하기 위한 행동이다.

과거의 영광에 매달릴수록 불행해진다

파스칼은 인간이 불행해지는 이유를 과거에 대한 향수 때문이라고 했다. 예를 들어 한 제왕이 폐위되어 지방 고을의 영주로 쫓겨났다고 하자. 일반 백성들 입장에서는 영주만 해도 더할 나위 없이 부러운 지위인데, 영주 자신은 한없이 절망스러운 기분이다. 황제로서 영광을 누렸던 과거에 비하면 영주 자리는 수치스럽기만 하다. 이렇게 고위층이었던 사람이 지위를 잃었을 때 그 고통을 유독 크게 느끼는 것은 찬란했던 과거의 기억에 매몰되어 현재의 자신을 받아들이지 못하기 때문이다.

과거의 추억에 붙들려 사는 사람은 현재에 적응하기가 힘들다. 군대에 갔는데 사회에서 귀한 대접을 받던 자신의 모습을 떨쳐 내지 못하면 어떻게 될까? 고된 훈련과 단체 생활의 고통이 더더욱 크게 다가올 것이다. 하지만 아무리 과거의 기억에 매달려 봐야 그 고통의 크기가 커지면 커졌지 결코 작아지지는 않는다.

도스토옙스키는 사관 학교를 졸업한 장교였지만, 독서 모임에서 왕정을 비판하다가 시베리아 수용소에서 4년 동안 노역을 했다. 시베리아 수용소에는 세상의 온갖 흉악범과 잡범이 모여 있었다. 의사의 아들이며 장교 출신인 도스토옙스키는 노역에 서투를 수밖에 없었다. 동료 수형자들도 그가 일하겠다고 나서는 것을 달가워하지 않았다. 일에 도움은커녕 방해가 되었기 때문이다. 그런데도 도스토옙스키는 적극적으로 노역을 했다. 그러다 보니 등에 지고 이동할 수 있는 벽돌의 무게가 늘어났고, 일하는 요령과 실력이 나날이 향상되었다. 동료 수형자들도 그런 도스토옙스키에게 호의적으로 다가왔다.

도스토옙스키는 톨스토이의 집안만큼 부유하지는 않았지만, 열 명이 넘는 하인과 네 필의 말을 소유한 귀족의 아들이었다. 타고나기를 책과 사유를 좋아하는 지식인이었다. 만약 그가 수용소에서 과거의 신분에 몰입되어 노역을 하지 않았다면 어땠을까? 점점 더 나약해져 건강이 나빠졌을 것이고, 수용소에서 살아 나오기도 힘들었을 것이다. 그는 체력을 유지하려면 노역 생활을 충실히 해야 한다고 생각했고, 수용소 생활에 적응하려고 노력했다. 결과적으로 그의 생각은 옳았다.

그렇다면 과거는 전부 아름다울까?

과거만큼 왜곡되기 쉬운 것도 드물다. 인간은 과거를 미화하는 습관이 있다. "라떼는 말이야."라는 말이 유행하는 것도 어쩌면 그런 습관이 작용한 탓이다. 사람들은 노년에 이르면 중년을 그리워하고, 중년이 되면 청년 시절을 그리워한다. 청년들 역시 청소년기나 더 어린 시절의 기억에 사로잡히곤 한다. 이 모두가 과거를 미화하여 떠올리기 때문이다. 우리가 그토록 그리워하는 과거도 냉정하게 돌이켜 보면 고뇌와 좌절로 점철되어 있다. 하지만 입시와 취업 경쟁, 연인과의 갈등, 포기한 꿈 같은 과거를 모두 열정의 시기라고 미화해 떠올린다. 따지고 보면 우리가 돌아가고 싶은 과거 또한 미래를 꿈꾸고 과거를 회상하던 또 다른 현재에 지나지 않는다.

위로가 고통을 덜어 줄까?

위로가 인간의 고통을 덜어 줄까? 이 질문에 대한 파스칼의 대답은 '아니요.'다. 미국에서는 사형수에게 사형 집행일을 미리 알려 주고 전날 밤에는 '최후의 만찬'을 제공한다. 이 역시 사형 집행 절차 가운데 하나다. 일정 비용을 넘지 않는다면 죄수가 원하는 모든 메뉴를 교도소에서 제공한다. 죽음을 앞둔 사형수에게 '최후의 배려'를 하는 셈이다. 사형수마다 원하는 메뉴는 다양한데 최후의 만찬 자체를 거부하는 죄수도 있다.

그런데 최후의 만찬으로 사형수의 마음을 잠시나마 달래 준다고 해서 죽음을 앞둔 자의 고통이 덜어질까? 죽음의 고통이 오히려 극대화하는 부작용을 낳지 않을까? 파스칼은 잠깐의 기분 전환이 인간의 비참함을 위로할 수는 있지만 결과적으로는 비참함을 최대치로 만든다는 사실을 간파했다. 기분 전환은 자기 자신과 자신의 상황에 대해 숙고하는 것을 방해하기 때문이다. 아울러 우리가 모르는 사이에 파멸로 이끌기 때문이다.

그렇다면 '친구'는 우리가 가혹한 운명에 맞설 수 있는 힘과 위로를 줄까? 파스칼은 이 또한 불가능하다고 주장한다. 만약 사형 집행을 하루 앞둔 사형수 두 명이 서로 우정을 나눈 친구라고 하더라도 다음 날 맞이할 죽음을 피할 수는 없다. 그리고 죽음에 대한 공포와 절망을 위로받을 수도 없다. 파스칼은 결국 인간의 한계를 인정하고 현재 속에서 살며 신앙에 귀의하는 것이 최선이라고 말한다. 과거를 회상하고 미래를 꿈꾸는 것은 죽음으로 가는 길을 더욱 힘들게 만들 뿐이라고 주장한다.

추억은 아무런 힘도 없을까?

파스칼에 따르면 인간이 과거를 회상하고 실현성 희박한 미래를 계획하는 것은 오로지 죽음에 대한 공포와 현실의 괴로움을 감추기 위해서라고 한다. 그렇다면 추억 회상과 미래 설계는 무의미한 행동이란 말일까?

과거는 지나간 일이라고 해서 쓸모없는 것만은 아니다. 쓸모없는 기억도 아니다. 과거가 쓸모없는 것이라면 역사 공부도 할 이유가 없다. 추억은 현실의 어려움을 잊게 해 주는 잠깐의 마약 같은 것으로 생각할 수 있다. 그러나 과거를 돌이키고 반성한다면 파스칼이 강조하는 현재의 삶을 좀 더 긍정적으로 살게 하는 힘을 얻기도 한다. 역사 공부를 하는 것도 마찬가지다. 역사적 사실을 통해서 과거의 잘잘못을 따지고 오늘에 비추어 본다면 같은 실수를 반복하지 않을 수 있다. 아울러 좀 더 충실하고 진보적인 현재를 살아갈 수 있다. 전쟁터에 나간 군인도 가족과 함께했던 추억이 없다면, 그리고 가족과 함께할 미래를 그려 볼 수 없다면 전투에 몰입하기가 힘들 것이다.

하지만 우리는 살면서 추억은 아무 힘도 없다고 생각하게 되는 순간을 만날 수도 있다. 과거에 제 식구처럼 믿고 의지했던 사람에게 어느 날 크게 배신을 당할 수도 있고, 과거보다 현실의 상황을 인식하는 것이 더 중요한 순간도 많다. 또 파스칼의 생각처럼 과거의 추억은 미래까지 그 힘을 유지하지 못하는 경우가 많다. 추억은 언제나 과거에 머물러 있는 것이기도 하다. 그러나 과거가 단순히 '좋았던' 정도가 아니라 서로를 향한 '진심'으로 맺어진 추억이었다면 현재의 관계를 더욱 돈독하게 할 수 있고, 현재의 문제를 이겨 내는 힘이 되어 주기도 한다.

파스칼은 실현성 희박한 미래의 삶에 매몰되는 것을 부정했지만, 인간의 삶은 원래 불투명하다. 하늘 아래 보장이 되는 미래는 없다. 보장되지 않는 미래를 꿈꾸기 때문에 사람들은 오늘의 삶에 더욱 충실할 수 있는 것이 아닐까? 입시를 앞둔 고등학생이 원하는 대학을 목표로 학습 계획을 세우고 공부하는 것은 무의미한 것이 아니다. 사람은 미래에 대한 꿈과 목표가 있어야만 현재를 열정적으로 살아갈 수 있다.

사고력을 높이는 끝장 토론 💬

1. 친한 친구가 전학을 갔다면 슬픔과 외로움을 달래기 위해서 여러분은 무엇을 하고 싶나요?

2. 젊은이는 과거를 주로 생각하고 노인들은 오히려 미래를 이야기하는 경우가 많다고 합니다. 왜 그럴까요?

파스칼의
내기

'파스칼의 내기'라는 유명한 변증법이 있다. 파스칼이 위대한 종교학자인 동시에 수학자라는 사실을 잘 보여 주는 논증이다. '파스칼의 내기'에 따르면, 만약 신이 존재하는지 여부를 두고 내기한다면 존재한다는 쪽에 거는 것이 유리하다고 한다. 그 이유는 다음과 같다.

신이 존재한다는 쪽에 내기를 건 사람이 있다고 하자. 이 경우 정말 신이 존재한다면 그 사람은 천국행이 결정된 것이나 마찬가지다. 설령 실제로는 신이 없다고 하더라도 교회를 다니며 헌금을 한 것에 대한 시간적, 금전적 손해를 볼 뿐이다. 신이 존재하지 않는다는 쪽에 걸었다면 어떨까? 이 경우 실제로는 신이 존재한다면 그 사람은 곧바로 지옥행이다. 최악의 경우다. 만약 정말 신이 존재하지 않는다면 큰 손해도 이득도 없이 본전에 가깝다.

결국 신이 존재한다는 쪽을 선택하는 것이 유리하며, 따라서 우리는 신의 존재를 믿어야 한다는 것이 파스칼의 내기 논증이다. 그런데 이 논증은 여러 가지 반론이 제기될 수 있다. 우선 신이 존재할 확률을 판단에 반영하지 않았다는 오류다. 신을 믿는 사람들이야 신의 존재를 100퍼센트 믿겠지만, 무신론자들은 신이 존재할 확률이 0.0001퍼센트도 되지 않는다고 본다. 그러니까 그들은 신이 존재한다는 쪽을 선택하면 이길 확률이 0.0001퍼센트도 안 된다고 생각한다. 신이 정말 존재한다면 지옥에 떨어져야 하는 엄청난 위험이 있는데도 그들은 신이 없다는 쪽을 선택하는 것이 이길 확률이 높다고 생각한다.

또 다른 반론은 실제로 신이 존재한다고 해도 그 신이 본인이 신봉하는 신이 아니라면 어떻게 할 것인가에 대한 물음이다. 하느님을 믿었는데 죽고 나서 보니 존재하는 신이 알라신이면 지옥에 떨어질 수도 있을 테니까 말이다. 결국 파스칼의 내기 논증은 신의 존재를 이미 믿는 사람들에게만 유효하다고 비판할 수 있다.

사실 파스칼이 이런 반론을 예상하지 못한 것은 아니다. 그는 다만 인간 사고의 예시를 든 것뿐이다. 파스칼이 둘도 없는 천재였다는 사실을 잊지 말자. 그는 열여섯 살에 〈원추곡선의 기하학〉이라는 논문을 통해 파스칼의 정리를 발표했고, 열아홉 살에는 계산기를 발명했다.

의외로 죽음을 앞둔 사람이 파스칼의 내기 논증에 빠져드는 경우가 많다고 한다. 밑져 봐야 본전인데 신이 있다고 믿고 신앙 생활을 하는 것이 낫다는 논리는 무신론자들에게 꽤 큰 설득력을 발휘한다. 물론 이마저도 평생 신을 부정하다가 죽음을 앞두고서야 믿는다고 해서 천국에 갈 수 있겠느냐는 회의가 들긴 하지만 말이다.

함께 읽으면 좋은 책들

1장

《윤리형이상학 정초》
《왜 칸트인가》 김상환
《칸트, 근세 철학을 완성하다》 강성률
《인생 교과서 칸트》 한자경, 김진

《정신 현상학》
《헤겔 정신 현상학의 이해》 한자경
《헤겔 & 마르크스 : 역사를 움직이는 힘》 손철성
《헤겔이 들려주는 정신 이야기》 박해용

《화에 대하여》
《세네카의 인생론》 루키우스 세네카
《인생이 왜 짧은가》 루키우스 세네카
《베풂의 즐거움》 루키우스 세네카

2장

《소크라테스의 변론》
《크리톤》 플라톤
《파이돈》 플라톤
《플라톤, 영화관에 가다》 조광제
《플라톤의 국가, 정의를 꿈꾸다》 장영란

《쇼펜하우어의 행복론과 인생론》
《사는 게 고통일 때, 쇼펜하우어 》 박찬국
《논쟁에서 이기는 38가지 방법》 아르투어 쇼펜하우어
《베스트셀러의 역사》 프레데리크 루빌루아

《차라투스트라는 이렇게 말했다》
《사는 게 힘드냐고 니체가 물었다》 박찬국
《니체의 인생 강의》 이진우
《니체의 위험한 책, 차라투스트라는 이렇게 말했다》 고병권

《카라마조프 씨네 형제들》

《도스토옙스키의 명장면 200》 석영중

《매핑 도스토옙스키 》 석영중

《노름꾼》 표도르 도스토옙스키

《도스토옙스키를 쓰다》 슈테판 츠바이크

《도스토옙스키와 함께한 나날들》 안나 그리고리예브나 도스토옙스카야

《한비자》

《군주론》 니콜로 마키아벨리

《사기》 사마천

《논어로 망한 조직, 한비자로 살린다》 모리야 아쓰시

3장

《노자 도덕경》
《노자와 루소》 정세근
《노자가 옳았다》 김용옥
《노자 마케팅》 이용찬
《실리콘밸리로 간 노자 》 박영규

《니코마코스 윤리학》
《아리스토텔레스가 들려주는 행복 이야기》 서정욱
《모두를 위한 아리스토텔레스》 모티머 애들러
《시학》 아리스토텔레스

《방법서설》
《동물 해방》 피터 싱어
《동물권 논쟁》 임종식
《나다움 쫌 아는 10대》 이재환

《참회록》
《톨스토이의 인생론》 레프 니콜라예비치 톨스토이
《톨스토이, 도덕에 미치다》 석영중
《톨스토이를 쓰다》 슈테판 츠바이크

《맹자》
《맹자 사람의 길》 도올 김용옥
《맹자가 들려주는 대장부 이야기》 임옥균
《소설 맹자》 최인호

4장

《노년에 관하여》
《수사학》 마르쿠스 툴리우스 키케로
《선거에서 이기는 법》 퀸투스 툴리우스 키케로
《키케로의 의무론》 마르쿠스 툴리우스 키케로

《논어》
《1일 1강 논어 강독》 박재희
《철학의 시대》 강신주
《역사 속에서 걸어 나온 사람들》 나카지마 아츠시

《사물의 본성에 관하여》
《에피쿠로스가 들려주는 쾌락 이야기》 박해용
《코스모스》 칼 세이건
《과학과 종교, 상생의 길을 가다》 존 호트

《장자》
《니체와 장자는 이렇게 말했다》양승권
《장자&노자 : 道에 딴지걸기》강신주
《장자가 들려주는 달인 이야기》박소정

《팡세》
《파스칼이 들려주는 경우의 수 이야기》정연숙
《파스칼 평전》권수경
《파스칼이 들려주는 갈대 이야기》강영계

다른 포스트

뉴스레터 구독

**10대를 위한
나의 첫 철학 읽기 수업**

초판 1쇄   2022년 3월 25일
초판 2쇄   2024년 4월 16일

지은이   박균호

펴낸이   김한청
기획편집   원경은 차언조 양희우 유자영
마케팅   현승원
디자인   이성아
운영   설채린

펴낸곳 도서출판 다른
출판등록 2004년 9월 2일 제2013-000194호
주소 서울시 마포구 동교로 27길 3-10 희경빌딩 4층
전화 02-3143-6478   **팩스** 02-3143-6479   **이메일** khc15968@hanmail.net
블로그 blog.naver.com/darun_pub   **인스타그램** @darunpublishers

ISBN 979-11-5633-448-4 43100

다른 생각이
다른 세상을 만듭니다